Dissertation de culture générale
30 fiches pour réussir

Éditions d'Organisation
Groupe Eyrolles
61, bld Saint-Germain
75240 Paris Cedex 05
www.editions-organisation.com
www.editions-eyrolles.com

CHEZ LE MÊME ÉDITEUR

Dans la même série

La note de synthèse
Jean-François Guédon, Françoise Laborde
Bien utiliser les citations dans les examens et concours
Dominique Demont, Jean-François Guédon

Dans la collection QCM de Culture générale

Les collectivités territoriales
André Barilari et Pierre-François Guédon
Europe et Union européenne
Pierre-François Guédon, Brigitte Sintsimon, Sandrine Gelin
Institutions administratives et fonction publique
Jean-François Guédon, Clara Barilari

Dans d'autres séries

Culture générale, Manuel et exercices corrigés
Robert Silvestre
Patrimoine et Histoire de l'Art
Marie-Anne Caradec

Françoise Lejeune
et Jean-François Guédon

Dissertation
de culture générale
30 fiches pour réussir

EYROLLES

Éditions d'Organisation

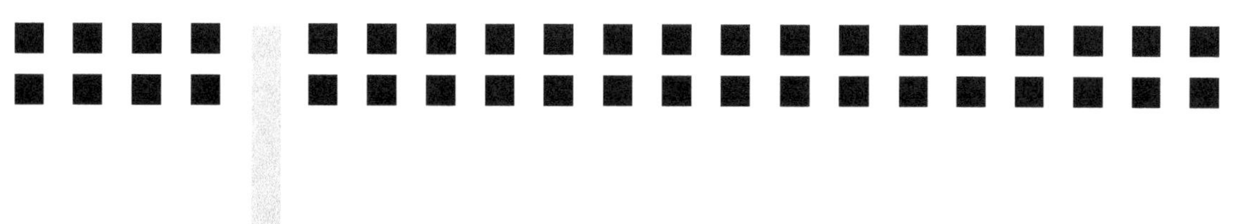

PRÉFACE

L'honneur qui peut vous être fait par une demande de préface pour un manuel de culture générale ne va pas sans une interpellation quant à la signification de ce qu'est vraiment la culture générale (mais peut-être devrions-nous écrire « Culture Générale » ?).

Risquons-nous à énoncer qu'il n'y a pas de définition de la culture générale, au sens où il y a pléthore en la matière. Dès lors, chacun semble libre de pouvoir circonscrire sa culture générale et la tentation est forte de conclure consensuellement que tout est culture, et c'est de là qu'elle tiendrait sa généralité.

Pourtant il y a bien une représentation de l'homme cultivé. De nos jours, au pays des *Lumières*, il peut apparaître comme celui qui semble ne pas avoir de lacune majeure dans les principaux champs de la connaissance, voire qui possède une maîtrise approfondie d'un ou deux de ces champs. Il excelle surtout dans l'art de mobiliser ses connaissances pour les insérer avec aisance dans les discours, débats, entretiens…, allant jusqu'à distiller des citations plus ou moins longues, ce qui subjugue souvent les esprits. À défaut d'un encyclopédisme aussi précieux, pourra être regardé avec considération celui qui sera le plus prompt à emporter la partie au *Trivial Pursuit* ou à *Questions pour un champion*.

Hormis pour les formes modernes des arènes et des salons, dans une société dominée par les cultes du travail, de la consommation et de la communication, cette culture générale, entend-on, serait en voie d'extinction, comme le furent les mammouths à leur époque ; avec nostalgie pour les uns, parce que désuète pour les autres. Dès lors, la culture étant censée donner du sens, son recul participerait à la « foire au sens » et amplifierait le « zapping culturel » chacun « *attendant Godot* »…

Mais la culture générale peut-elle se limiter à un stock de connaissances, sorte de réserve constituée à base de volonté personnelle durant sa jeunesse et ses loisirs et conservée grâce à l'inné de la mémoire qui s'effrite sous le poids des ans ?

À l'heure des mutations vers la société de la connaissance, la culture générale, oisive et gratuite, ne saurait encore être opposée au travail, prescrit et coûteux. Pour se situer dans un monde de plus en plus complexe et incertain, chacun doit pouvoir mettre en œuvre des capacités d'anticipation, de réaction, de coopération. Diriger un collectif, aussi faible soit-il, soumet à la diversité des caractères, des compétences, des histoires, qui plus est du fait d'échanges de plus en plus européens et mondiaux. Cette nécessité de passer d'un référentiel à un autre et cette capacité d'ouverture sur l'extérieur, sur l'autre – d'hier, de là-bas – supposent, par exemple, une certaine maîtrise des langues étrangères, des bases de l'histoire et de la géographie, des principes de la sociologie et de l'économie, des cadres juridiques, du « bon sens » mathématique…

Mais, à l'instar de l'improvisation musicale, du bœuf mironton ou du passing shot, la culture générale, entendue comme aptitude à l'intelligence des situations et des relations, suppose un entraînement, de longue haleine et souvent intensif, à partir de fondamentaux sans cesse entretenus. En ce domaine la perfusion et le gavage sont mal tolérés, la motivation et la curiosité d'esprit sont les clés de l'« apprendre à apprendre » et les gages de la réussite, notamment professionnelle, nous dit-on.

Car sous nos latitudes, s'il pèse encore des menaces pour la liberté de penser, ce n'est plus tant du fait de forces politiques oppressives que par rétrécissement des moyens de penser par soi-même, par renoncement du jugement face à la complexité. Les causes en sont nombreuses : difficultés à s'abstraire du contingent, de l'urgence, de la technique, fussent-elles portées par la pensée que la mode rend dominante ; dévalorisation de la science davantage associée à la notion de risque qu'à celle de progrès ; frilosité à oser la déviance, à risquer le pas de côté, à pratiquer la logique du détour, qui tendent à être refoulés par la massification et à se confiner dans l'indifférence ; appauvrissement de la langue et des références spatio-temporelles…

Et pourtant les épreuves de culture générale se multiplient et sont souvent les marches les plus déterminantes des concours destinés à évaluer, à travers une dissertation, un QCM, un entretien… Être cultivé en ces circonstances demande des aptitudes à mobiliser rapidement des connaissances précises et maîtrisées relevant de champs plus ou moins variés et une capacité à les organiser au sein d'une réflexion audible et cohérente pouvant déboucher sur un jugement de plus en plus efficace.

L'ouvrage de F. Lejeune et de J.-F. Guédon, qui bénéficie de leurs expériences de membres de jury et de formateurs, entend répondre à diverses problématiques concernant l'épreuve de culture générale : Comment la préparer ? Comment aborder le sujet ? Comment présenter sa composition ? Il propose 30 fiches, regroupées en 4 thématiques, qui sont autant d'occasions de travaux et de lectures, et sur lesquels, le plus régulièrement, les jurys font porter leur choix. Chaque fiche décline épreuves écrites de composition ou épreuves orales d'exposé devant les jurys, commentaires de citations et conversation, fiches d'auteurs, notions fondamentales, liste de mots clés, résumés d'ouvrages, extraits de l'actualité, sans oublier les fameuses citations.

Des conseils, des méthodes, des démarches sont proposées et visent à permettre l'argumentation, la composition et la rédaction susceptibles de vous permettre de convaincre le correcteur ou votre interlocuteur.

Dominique THIEBAUT
Doyen
Faculté de Sciences Économiques et de Gestion
Paris 12

SOMMAIRE

THÈME 3 – QUESTIONS SOCIALES

THÈME 4 – EUROPE ET MONDIALISATION, RELATIONS INTERNATIONALES

INTRODUCTION

Les *programmes* des épreuves de culture générale varient dans l'espace et dans le temps. Ils peuvent limiter le champ des révisions au XXe siècle et à la France, ou bien s'étendre de la préhistoire à nos jours dans un cadre international. Dans tous les cas, l'épreuve de culture générale se veut *interdisciplinaire*. Vous devez aborder un même thème d'un point de vue :

– culturel,
– économique,
– social,
– politique.

Toutefois, « politique » ne signifie pas partisan et vous devez respecter le principe de neutralité. C'est pourquoi votre plan doit permettre de peser le pour et le contre afin de démontrer que vous avez *l'esprit ouvert* tout en terminant dans votre dernière partie sur le point de vue qui pourrait être le vôtre, et avec un effort de réflexion prospective.

Sachez que les comparaisons internationales judicieuses seront toujours les bienvenues au cours de vos développements, de même que toute réflexion sur les perspectives européennes. Voir plus loin nos conseils sur les cadres spatio-temporels.

Le travail des définitions

Votre *introduction* doit immédiatement aborder la définition des mots-clés. C'est pour cela que les dissertations proposées dans le présent volume débutent par la définition des termes choisis par l'auteur. Si un mot vous pose une difficulté et que vous ne connaissez pas sa définition exacte, essayez de l'aborder par le biais des synonymes et antonymes. Ainsi, vous aurez défini le cadre externe de votre dissertation, ou hors sujet.

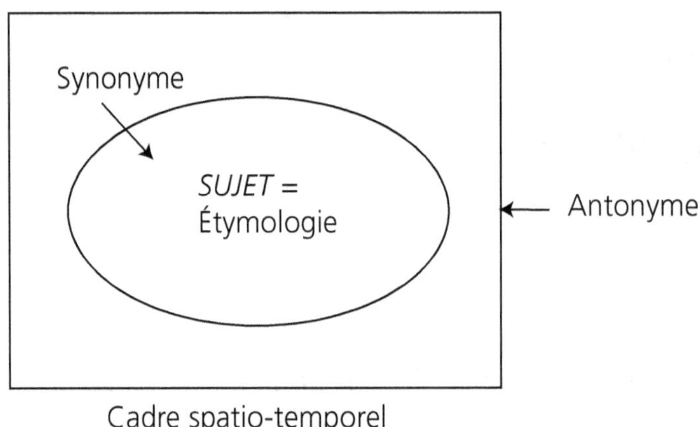

Cadre spatio-temporel

Cerner la problématique

Méfiez-vous de votre première idée, elle est souvent la bonne. Il se peut que dès la première lecture du sujet vous en ayez saisi la problématique. Le cas échéant, l'examen des relations logiques entre les *mots-clés* vous permettra de formuler la problématique du sujet.

Si malgré cela vous ne parvenez pas à cerner la problématique du sujet, transformez en question le mot ou le groupe de mots qui est soumis à votre analyse.

Par exemple, pour un sujet du type :

« Les relations entre générations » (Troisième Concours de l'ENA session 2004).

Vous pouvez judicieusement transformer cette affirmation en une suite de questions, comme :

– Existe-t-il encore des relations entre les générations ?

– Quels types de relations persistent entre les générations ?

– En quoi les relations intergénérationnelles d'aujourd'hui diffèrent-elles de celles d'hier ?

> *Pour mémoire*
>
> *Le sujet du concours externe 1961 portait sur « les conflits de générations dans la France contemporaine ». Imaginez comment le sujet aurait pu être traité à l'époque, et déterminez comment vous le traiteriez aujourd'hui.*

L'approche des cadres spatio-temporels du sujet

Le cadre spatial

Même si votre sujet se cantonne à la France, il semble judicieux, ne serait-ce qu'en conclusion et donc en ouverture, d'élargir votre approche à nos voisins européens ou à l'Occident. Inversement, un sujet large, qui spécifie une approche mondiale (« dans le monde », « et à l'étranger »), ne tolérera pas une approche réductrice et nationale.

Le cadre temporel

Bien sûr, les sujets les plus ouverts (« de l'Antiquité à nos jours ») restent les plus périlleux, de bonnes connaissances historiques dans divers domaines s'avérant nécessaires. Cependant, un sujet limité à notre époque ne vous interdit pas des comparaisons avec les époques passées ni la prospective.

Pour reprendre l'exemple précédemment cité : « Les relations entre générations », l'absence de cadre spatio-temporel dans la formulation même du sujet implique une approche internationale et historique. Vous pouvez ainsi utilement remarquer que le XXe siècle, avec les progrès de la médecine, a permis pour la première fois de l'Histoire à quatre générations de cohabiter. Toutefois, pour des raisons culturelles, le lien social se délite alors que l'individualisme se développe.

Le travail sur les mots-clés

En balayant les annales des sujets de culture générale, vous constaterez la permanence de certains thèmes et mots-clés. Pour cela, nous vous proposons 30 fiches qui devraient vous permettre de vous entraîner au mieux à ce type d'épreuve.

Ces mots-clés peuvent se regrouper autour des grands thèmes suivants :
- L'art, la culture, l'architecture,
- Les valeurs, la morale, les religions,
- Les sciences, la recherche, l'éducation, la communication,
- L'État, la nation, la société, la démocratie, le pouvoir, le droit, la justice,
- L'économie, la démographie,
- L'environnement,
- La France, l'Europe, le monde, les relations internationales.

Vous constatez ainsi que le classement peut aller depuis les « grands thèmes classiques » de la culture générale jusqu'aux disciplines les plus récentes, en passant par les grandes notions de la science politique.

La méthode de travail sur un mot-clé

Penser aussi à la notion de « mot-carrefour »
Nous serions tentés de dire que la technique vaut autant que le fond.

Vous découvrez votre sujet et avez accordé cinq bonnes minutes à examiner la première impression que vous en retirez. Pendant la demi-heure qui suivra, il vous faudra trouver un minimum de 9 idées confortées par des exemples ou citations, pour composer votre dissertation. En effet, il vous faut :
1. une définition ou approche historique du mot-clé
2. un exemple pour introduire la problématique
3. une idée pour le titre de la partie A
4. une idée pour le titre de la partie B
5. une idée pour la première partie du grand A
6. une idée pour la seconde partie du grand A

4

7. une idée pour la première partie du grand B
8. une idée pour la seconde partie du grand B
9. une idée pour la conclusion.

Et cela constitue un strict minimum. Aussi, pour démarrer votre recherche, vous pourrez exploiter utilement la méthode de Quintilien, à savoir vous poser les questions suivantes sur le sujet :

Qui ?

Quoi ?

Quand ?

Où ?

Comment ?

Pourquoi ?

Et après ?

Ce qui pourrait donner pour le sujet « les relations entre générations », le brouillon suivant :

Qui ?	Les adolescents/Les personnes âgées/Les adultes/Les enseignants
Quoi ?	L'échange/Le dialogue/L'expérience/La mémoire/ Le maître et l'élève
Quand ?	La Préhistoire/L'Antiquité grecque/Le Moyen Âge/Le XIXe et la Révolution industrielle/De nos jours et l'individualisme
Où ?	En Afrique (épreuves initiatiques)/En Asie (confucianisme)/ En Occident
Comment ?	Les associations/L'école
Pourquoi ?	La filiation/L'amitié entre les générations/ La transmission du savoir
Et après ?	La désocialisation (absence de relation) : les orphelinats ; les hospices

Pour structurer votre développement, essayez de construire un brouillon comme suit :

IDÉES	FAITS

Reprenons notre exemple de sujet :

Les relations entre générations (Troisième Concours de l'ENA session 2004)

Vous récolterez dans la colonne de gauche les idées qui vous viennent à l'esprit, tandis que celle de droite servira à illustrer ces idées. Par conséquent, dans la colonne intitulée « faits » vous noterez des dates, chiffres, faits historiques, titres d'ouvrages et autres exemples concrets ou citations qui serviront votre démonstration.

IDÉES	FAITS
Les jeunes assistent leurs aînés	Allongement de la durée de la vie XXe siècle : Première fois dans l'Histoire de l'Humanité que 4 générations se côtoient
Idée de transmission des mœurs et coutumes	De nos jours : L'initiation en Afrique
	L'éphèbe et l'Éraste dans la Grèce antique
Idée de transmission du savoir, des connaissances	L'École Le maître et l'élève
Le devoir de Mémoire	Primo Levi <u>Si c'est un homme</u> (1947)
Réciprocité : les jeunes aident les plus vieux et les anciens initient la jeunesse	

Fragilité des deux extrêmes, les très jeunes et les très vieux	Les hospices : exemple <u>La Vieille Charité</u> à Marseille (de Pierre Puget) qui accueillait orphelins et adultes
L'âge ne serait pas un facteur discriminant	Séparation des activités (domestiques ou non) par sexe et non par âge
	Été 2003 : la canicule, les personnes âgées victimes de leur isolement

Voici un autre exemple de sujet :

La France dans le monde contemporain.

Appliquons la méthode de Quintilien.

<u>Qui ?</u>
- Les Français
- Les étrangers et leur regard sur la France

<u>Quoi ?</u>
- La grandeur de la France
- L'influence de la France sur la politique internationale
- Les anciennes colonies, la colonisation
- La décolonisation, les aides bilatérales

<u>Quand ?</u>
- Le siècle des Lumières et le rayonnement de la France
- La Révolution française
- La place de la France avant la Seconde Guerre mondiale

<u>Où ?</u>
- En Asie
- En Afrique
- En Europe
- La Nouvelle-Calédonie, Kourou, La Réunion

<u>Comment ?</u>
- La francophonie
- Les guerres
- La politique internationale

<u>Pourquoi ?</u>
- Les enjeux économiques
- Les implantations stratégiques sur tous les continents et dans de nombreuses îles

<u>Et après ?</u>
- L'Union européenne, l'avenir de la France

IDÉES	FAITS
L'héritage de la France dans le monde	La francophonie Les Droits de l'Homme
La France dans l'Europe	1947 J. Monnet et R. Schuman J. Delors Président de la Commission européenne (1985-1995)
La France et ses anciennes colonies	Les aides bilatérales
La France dans les institutions internationales	L'ONU. La CEE. La FAO L'Unesco. L'OCDE Le Conseil de l'Atlantique Nord L'OMI L'OIT Le FMI et l'OMC

Après avoir récolté les idées pour ce sujet incontournable, voici un exemple de devoir rédigé.

« J'aime tout dans la France, excepté ce qu'on est convenu d'appeler l'esprit français » écrivait Victor Hugo.

C'est vers 481 que Clovis devint roi des Francs saliens de Tournai et en 510 que fut publié le code de lois saliques (règne des Mérovingiens). En 771, l'avènement de Charlemagne fonda la dynastie des Carolingiens. Charlemagne fut proclamé Empereur d'Occident en l'an 800. En 987, Hugues Capet fut élu roi de France et fonda la dynastie des Capétiens qui perdura jusqu'à la Révolution française (Louis XVI) puis jusqu'à Louis-Philippe (1848) après la Restauration de 1814-1815. Au XIIIe siècle, la langue française devint la langue administrative officielle pour tout le royaume.

La France a été une grande puissance au rayonnement international. Au début du XVIIe siècle, on peut dire qu'elle occupait sur le plan diplomatique la place qu'occupent aujourd'hui les États-Unis. De nos jours, elle n'est plus qu'une puissance moyenne. Comment aujourd'hui la France peut-elle se transfigurer pour redevenir une grande puissance ?

Nous étudierons dans une première partie la place de la France dans l'Europe avant de nous interroger sur son influence dans les autres régions du monde.

La France s'est investie dans la construction européenne. Au moment de la nationalisation du Canal de Suez, en 1957, qui a marqué un net recul ou déclin de la France et de la Grande-Bretagne, la France signa le Traité de Rome. Aussi, on peut percevoir dans son investissement européen, une stratégie géopolitique de redéploiement. Alors qu'elle perdait ses colonies dans les années 1960, la France évolua avec son temps pour passer de l'impérialisme au régionalisme. La Constitution française de 1958 a été conçue de façon à faciliter l'ouverture de la France à de grands ensembles. Ainsi, le titre VI est consacré aux traités et accords internationaux. Le Président de la République négocie et ratifie seul les traités qui, rappelons-le (article 55), ont une autorité supérieure à celle des lois dès leur publication.

La France et particulièrement Jean Monnet ou Robert Schuman (déclaration du 9 mai 1950) ont joué un rôle fondamental dans la construction européenne (traités de 1951 et 1957, CECA, CEE et CEEA). La première présidente élue du Parlement Européen, après l'institution du suffrage universel direct, fut Simone Veil (1979), Jacques Delors fut Président de la Commission européenne pendant dix ans (1985-1995) et Valéry Giscard d'Estaing a présidé la Convention qui a préparé le projet de traité instituant une Constitution pour l'Europe, adopté en Conseil européen le 18 juin 2004. La France n'a donc cessé de s'investir au sein des institutions européennes.

Mais la France est également représentée dans le reste du monde. Elle dispose de représentations au sein de nombreuses organisations internationales. Pour n'en citer que quelques-unes, nous pouvons mentionner l'Organisation des Nations Unies (26 juin 1945 à San Francisco), la FAO (Rome), l'Unesco, l'OCDE (Paris), le Conseil de l'Atlantique nord (Bruxelles), l'OMI (Londres), l'OIT (Genève) et le FMI (Washington). La France a toujours maintenu son indépendance parallèlement à son intégration mondiale. Ainsi, le général de Gaulle permit à la France d'acquérir l'arme nucléaire et donc de sortir du joug américain en quittant l'OTAN en 1966, tout en demeurant membre de l'alliance atlantique. Mais après les deux chocs pétroliers d'abord en 1973 (guerre du Kippour), puis en 1978-1979 (Révolution islamique) et 1980 (guerre Irak-Iran), les turbulences du SMI poussèrent la CEE à créer le SME (1979). La France traversa péniblement ces « trente piteuses » loin derrière le dynamisme de son voisin Allemand avec un mark beaucoup plus fort et stable que le franc.

La France semble de retour sur la scène internationale. Ainsi, le président Jacques Chirac sut affronter la table des négociations du GATT au nom de l'exception culturelle française. En 2002, Dominique de Villepin défendit la résolution 1441 contre l'avis des États-Unis (dossier Irakien) et marqua un retour en force de la diplomatie française au sein de l'ONU. Et le français Pascal Lamy, inspecteur général des Finances, ancien directeur de cabinet de Jacques Delors et ancien Commissaire européen, a été élu à la tête de l'Organisation mondiale du commerce (OMC). Ce retour relatif de la France dans la communauté occidentale et sur le plan mondial semble en premier lieu dicté par la crainte de l'isolement. De plus, après le soubresaut irakien, la France se focalisa de nouveau sur ses vrais enjeux (insuffisance de la croissance économique, taux de chômage élevé). Aussi, Paris s'est-il de nouveau investi dans son premier dossier extérieur à savoir : la reprise de la construction européenne, et son élargissement. C'est sur ces chantiers que la France joue son avenir.

Pour conclure, la France sait s'intégrer dans de grands ensembles politiques ou économiques, sans s'aliéner. Au sein de l'Union, elle mobilisa son allié allemand contre une réforme de la PAC. Prudemment mais avec fermeté, elle maintient ses liens historiques avec les pays d'Afrique occidentale (intervention pour tenter de maintenir la paix en Côte d'Ivoire en 2004). C'est l'image qu'elle gardera d'elle-même qui transfigurera la France en grande puissance, au lieu de se fondre dans une société mondialiste dominée par le « néolibéralisme » et des intérêts américains ou autres. En agissant en Europe et dans le monde, la France doit garder sa tradition d'humanisme, de justice et de fraternité.

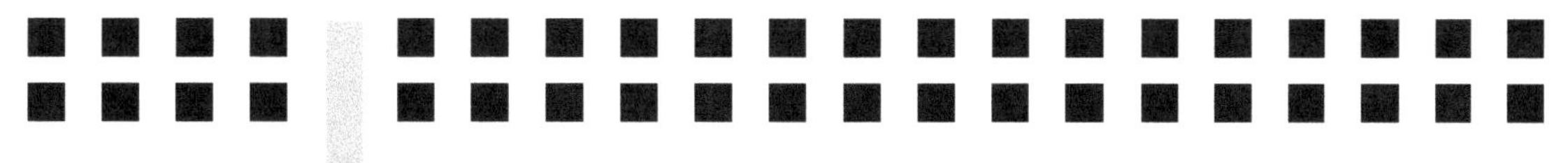

THÈME 1

La démocratie

La démocratie dans le monde d'aujourd'hui

Étymologie/Définition/Histoire

« Une addition d'intérêts particuliers ne donnera jamais pour somme l'intérêt général et, à plus forte raison, la réussite des formations les plus puissantes ne saurait garantir que l'intérêt de tous sera sauvegardé. Cette tâche, c'est à l'État qu'elle incombe. »

Source : Traité de science politique[1], Georges Burdeau.

Terme d'origine grecque : *demokratia, démos* signifiant peuple et *kratos* l'autorité. C'est le gouvernement du peuple par lui-même.

La démocratie comme forme de gouvernement est une invention de Solon à Athènes au Ve siècle avant J.-C. On peut en lire l'éloge dans l'Oraison funèbre de Périclès.

---

1. Note de l'éditeur : Les dissertations étant écrites à la main lors des examens et concours, nous indiquons le titre des livres par un soulignement comme cela doit se faire dans une copie manuscrite, et non par l'italique, comme cela doit se faire dans les documents imprimés.

Sujet proposé

La démocratie comme *isonomia* (la loi est la même pour tous), *isegoria* (l'égale participation aux affaires) et *isocratia* (égale participation au pouvoir) est-elle bien appliquée de nos jours ?

Problématique proposée

De nos jours, dans la plupart des pays occidentaux, la démocratie indirecte est pratiquée comme le constatait Francis Fukuyama dans <u>La fin de l'Histoire</u> après la chute de l'empire soviétique en 1991. La loi est la même pour tous et, depuis la Révolution française de 1789, l'ensemble des citoyens participe aux affaires par le biais du vote (vote des femmes accordé en 1917 aux États-Unis, et en 1944 en France).

L'*isocratia* reste ainsi théorique. Les détracteurs de la démocratie directe durant la Grèce antique, tel Platon, se sont appuyés sur une première crise de confiance lors de la condamnation de Socrate à boire la ciguë, infligée par le tribunal du peuple (pour corruption de la jeunesse). Ainsi, la démocratie peut se transformer en dictature. Georges Burdeau montre comment la démocratie, au fil des siècles, est devenue l'arme de l'élite. Ainsi, l'égalité arithmétique des citoyens a été abandonnée au profit de la « nation », corps abstrait et théorique incarné dans les représentants élus par les citoyens. Aujourd'hui, on estime qu'un retour à la démocratie directe ne peut être pratiqué car, si dans l'Antiquité Grecque l'esclavage permettait à l'élite de se consacrer entièrement aux affaires de la cité, aujourd'hui le travailleur manque cruellement de temps. La politique resterait pour cela l'affaire de professionnels.

Malgré tout, quelques expériences de la démocratie directe subsistent notamment en Suisse où la constitution helvétique prévoit l'institution d'un Landsgemeinde (assemblée du peuple) qui se réunit une fois par an pour voter les lois, le budget et désigner les magistrats. Leur travail est préparé par un conseil municipal élu. Autre vestige de la Grèce antique, le tirage au sort demeure pratiqué pour constituer les jurys d'assises en France ou aux États-Unis. L'expérience bonapartiste du référendum s'était transformée en plébiscite. La Constitution de

1958 (modifiée) a cherché à renouveler l'usage du référendum, mais en France son application reste limitée. D'autres procédures existent de par le monde : aux États-Unis notamment, on peut citer la pratique d'un veto (d'initiative) populaire.

Les députés semblent opposés à la pratique de la démocratie directe car, dans ce cas, les représentants du peuple entrent en concurrence avec le peuple lui-même (loi constitutionnelle du 28 mars 2003, article 72-1). Malgré cela, la loi du 6 février 1992 a mis en place un référendum local dans les communes. Par ailleurs, techniquement, il devient de plus en plus facile de voter directement des textes, sans se déplacer, grâce au minitel ou à Internet. Déjà, les feuilles d'imposition peuvent être remplies en toute sécurité « en ligne ». Les défenseurs de la démocratie directe y voient la solution pour que le peuple vote directement les lois. À tout moment, en effet, un citoyen pourra se connecter pour lire et voter un texte.

Conclusion

Georges Burdeau a réalisé une analyse incontournable de la démocratie. Par l'éducation, la France a conduit quatre-vingts pour cent d'une génération d'élèves au baccalauréat. L'éducation du peuple favorise la démocratie et fait reculer les dictatures (voir ÉDUCATION).

Bibliographie : Georges BURDEAU, La démocratie[2], Éditions du Seuil, 1956.

Sujets voisins et leurs problématiques

« Peut-on, dans le monde actuel, réformer une société sans consentement ? »

Le monde actuel se caractérise par l'augmentation du nombre de démocraties et le recul des dictatures. Parallèlement, le monde moderne développe les moyens de communication facilitant ainsi les échanges entre les peuples et l'information des citoyens. Ce contexte permet-il d'imposer le consentement ou, au contraire, l'interdit-il ? Les gouvernements doivent-ils et peuvent-ils agir pour obtenir le maximum de « consensus » ou consentement ?

---

2. Note de l'éditeur : Les dissertations étant écrites à la main lors des examens et concours, nous indiquons le titre des livres par un soulignement comme cela doit se faire dans une copie manuscrite, et non par l'italique, comme cela doit se faire dans les documents imprimés.

ENA Sujet 1990 : « Individualisme et démocratie. »
Les sociétés modernes développent deux tendances apparemment antinomiques. D'une part la démocratie se définit comme « le pouvoir du peuple, par le peuple et pour le peuple ». D'autre part, l'individualisme semble détourner le citoyen des affaires de la cité pour le recentrer sur lui-même, de façon égoïste. Ces deux valeurs apparemment opposées sont-elles conciliables ? Ou l'une conduit-elle à la ruine de l'autre ?

Citations utiles

« La démocratie, c'est le gouvernement du peuple, par le peuple, pour le peuple. » Abraham Lincoln.

« Démocratie : L'oppression du peuple par le peuple pour le peuple. » Oscar Wilde. Extrait de <u>Vive la politique</u>[3].

« Nos démocraties électives ne sont pas, ou de façon inaccomplie, des démocraties représentatives. » Paul Ricoeur. Extrait d'un Entretien avec Daniel Bermond – juin 1998.

« Dans les démocraties, chaque génération est un peuple nouveau. » Alexis de Tocqueville.

« Je suis un de ces démocrates qui croient que le but de la démocratie est de faire accéder chaque homme à la noblesse. » Romain Gary. Extrait de <u>Chien blanc</u>[3].

---

3. Note de l'éditeur : Les dissertations étant écrites à la main lors des examens et concours, nous indiquons le titre des livres par un soulignement comme cela doit se faire dans une copie manuscrite, et non par l'italique, comme cela doit se faire dans les documents imprimés.

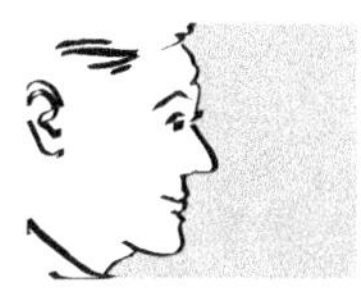

L'essentiel sur un auteur
Georges BURDEAU

Professeur honoraire à l'université de Paris II, Georges Burdeau a écrit le <u>Traité de Sciences politiques</u>, œuvre colossale et incontournable en sciences politiques. Aux éditions du Seuil, il publia outre <u>La démocratie</u>, <u>l'État</u> en 1970 et le <u>Libéralisme</u> en 1979.

L'essentiel d'un livre
La démocratie

La démocratie, Georges Burdeau, éditions du Seuil, 1956.

Si la démocratie est aujourd'hui une forme de gouvernement, elle se définit essentiellement par ce qu'elle n'est pas : le pouvoir d'une autorité ne procédant pas du peuple. Les gouvernés sont associés à l'exercice du pouvoir pour empêcher l'arbitraire. Mais quel est ce peuple qui gouverne ?

La Révolution consacre la notion de peuple citoyen, l'idée des Lumières d'un homme éclairé par sa raison et détaché de son égoïsme comme de ses préjugés de classe. En fait, la démocratie telle qu'elle est instituée après la Révolution française révèle la pensée bourgeoise qui a su se mettre à l'abri de la puissance du nombre constituée par le peuple. C'est la théorie rousseauiste de la volonté générale. Par opposition, Marx revendique le droit politique de l'homme situé, influencé par son milieu.

De ces deux visions de la démocratie découlent deux visions du pouvoir : celui exercé par la nation ou par le peuple réel. Dans la première conception de la démocratie, la volonté du peuple réside dans l'être collectif constitué par la Nation et on parlera alors de souveraineté nationale (article 3 de la Déclaration des Droits de l'Homme et du Citoyen de 1789). Il en va autrement pour la démocratie marxiste où les décisions sont prises par ce que G. Burdeau appelle « l'homme situé ». Il ne s'agit plus ici de l'Homme avec un « H » majuscule mais de l'individu avec ses différences de sexe, de revenu tel que l'ouvrier, la femme.

Religion et politique

Étymologie/Définition/Histoire

L'origine du mot est discutée : vient soit de « legere » (ramasser, cueillir), c'est la religion en tant que tri, brassage/soit de *ligere* (lier, attacher, bander), c'est la religion comme un resserrement des liens.

Sujet proposé

Le Christ aurait préconisé de « rendre à César ce qui appartient à César », distinguant ainsi le devoir civique du devoir religieux. La sécularisation entre politique et religion s'est-elle réellement produite ? Assiste-t-on à un retour du religieux ?

Problématique proposée

La suprématie du pouvoir religieux sur le politique s'est déplacée d'Occident vers l'Orient. En effet, on parle en général de recul du religieux en référence au sacerdotalisme durant le Haut Moyen Âge. En effet, Saint Ambroise (333-387) déclara que le titulaire du trône impérial était dans l'Église et non pas au-dessus. L'Augustinisme politique par ailleurs, qui déforma les propos de Saint Augustin (345-430), réussit à imposer partout en Europe occidentale l'idée selon laquelle la cité de Dieu l'emportait sur la cité terrestre. Un combat s'ouvrit entre le détenteur du pouvoir temporel et le pape. Jusqu'au XIIIe siècle environ, l'État fut absorbé par l'Église.

L'Iran incarne aujourd'hui cette suprématie du spirituel sur le temporel dans une théocratie constitutionnelle. L'imam Khomeiny imposa la loi coranique pendant dix ans de règne sans partage (1979-1989). Le « guide » en Iran vérifie l'islamicité des candidats aux élections et des lois votées par le Parlement.

Toutefois, partout, il semblerait que le politique utilise la religion.

On parle du recul du religieux en Occident. Ce mouvement a commencé avec le théoricien Thomas d'Aquin (1225-1274) pour qui le pouvoir, bien que d'origine divine, s'avérait également d'origine humaine. Il énonça que seuls les hommes, à travers leur élite, pouvaient déterminer quel était leur bien commun. Il décrivit un régime mixte idéal, mélange de monarchie, d'aristocratie et de démocratie. Mais c'est Philippe le Bel (contre le pape Boniface VIII) qui soumit à l'impôt le Clergé, amorçant ainsi le processus inversé de la suprématie du politique sur le religieux. Le Hollandais Grotius au XVIIe siècle acheva cette sécularisation. La période communiste dans les pays d'Europe de l'Est interdit la pratique religieuse et ferma les Églises. Le « petit livre rouge » de Mao Zedong se vendit à autant d'exemplaires que la Bible, ce qui peut expliquer la phrase d'André Malraux dans un monde laïcisé : « le XXIe siècle sera spirituel ou ne sera pas[4] ».

L'affaire du voile en France démontre que le religieux attaque une deuxième phase offensive et la loi sur la laïcité eut des répercussions en dehors des frontières nationales, faisant réagir notamment l'Iran. Beaucoup ont vu dans Al-Khaïda l'aboutissement du fanatisme religieux. Pourtant, A. Glucksmann l'explique autrement, notamment par le nihilisme qui avait déjà sévi en Russie au début du XXe siècle. La réponse américaine à l'attaque des Twin Towers le 11 septembre 2001 se positionna également sur un registre religieux, en parlant de « guerre de religion ». En fait, le langage religieux en politique séduit un électorat conservateur. Rappelons que l'actuel Président G. Bush a été gouverneur du Texas et a grandi à Midland, une ville

---

4. André Malraux à André Frossard en 1968.

qui connut la plus haute densité de milliardaires aux États-Unis au XXᵉ siècle (riches propriétaires de puits de pétrole).

Conclusion

À trop vouloir séparer, on peut rompre. La religion reste un véhicule puissant de transmission des valeurs, transgénérationnel et transculturel. Le Christianisme n'a pu s'épanouir qu'en dehors de la Jérusalem romaine et en traversant la Méditerranée. Mais la religion sait aussi traverser les époques et la Cène du Christ est le thème central du best-seller le <u>Da Vinci Code</u> de Dan Brown.

Bibliographie : Jean Touchard, <u>Histoire des idées politiques</u>, tome I, éditions PUF, 2005.

Sujets voisins et leurs problématiques

« L'irrationnel dans les sociétés contemporaines. »

Les sociétés dites modernes ont fondé leur fonctionnement sur la science et la connaissance. Le XXᵉ siècle en particulier, a vu le recul du pouvoir de l'Église en Occident et la victoire sur une assez longue durée du communisme à l'Est et en Orient. Pourtant, nos sociétés demeurent « irrationnelles ». Les sectes se multiplient, l'astrologie peuple les quotidiens. N'assiste-t-on pas au retour d'une certaine vision de l'au-delà ?

« Religion et politique dans le monde contemporain. »

Un long divorce s'est amorcé entre la religion et le politique depuis le sacerdotalisme jusqu'à la totale sécularisation des sociétés contemporaines. En France, la séparation de l'Église et de l'État se matérialise par la loi du 9 décembre 1905. Avec les attentats du 11 septembre 2001, le religieux et le politique sont-ils de nouveau entrés en guerre ?

« *La religion est le sens et le goût de l'infini.* » Friedrich Schleiermacher. Extrait du <u>Discours sur la religion</u>.

« *Ce n'est pas la religion qui découle de la morale, c'est la morale qui naît de la religion.* » François René de Chateaubriand. Extrait du <u>Génie du christianisme</u>.

« *On trouve des sociétés qui n'ont ni science, ni art, ni philosophie. Mais il n'y a jamais eu de sociétés sans religion.* » Henri Bergson. Extrait de <u>Les deux sources de la morale et de la religion</u>.

« *Religion : est nécessaire pour le peuple. Cependant pas trop n'en faut.* » Gustave Flaubert, Extrait du <u>Dictionnaire des idées reçues</u>.

« *La science sans religion est boiteuse, la religion sans science est aveugle.* » Albert Einstein.

Des notions à connaître

Césaropapisme : Cette doctrine fait référence à Charlemagne (800) qui s'estima investi de Dieu.

Épiscopalisme : L'anarchie qui suivit le traité de Verdun (843), obligea l'Église franque à reprendre le royaume en main par le biais de ses évêques.

Sacerdotalisme : Saint Ambroise de Milan obligea l'empereur Théodose en 390 à faire publiquement pénitence pour le massacre de Théssalonique, ce qui confirma la fameuse phrase de Saint Ambroise « l'empereur est dans l'Église, non au-dessus de l'Église ». Pour la première fois dans l'Histoire, l'Église venait de condamner un acte temporel n'engageant pas la foi.

SUR LES RELIGIONS

L'objectif est ici de vous entraîner dans les conditions de l'oral.

Questions

1. De quand date la Constitution de Solon ?
2. Où peut-on trouver cette persistance de la démocratie directe qu'est la *landsgemeinde* ?
3. Que prône le *sacerdotalisme* ?
4. Qu'affirme l'Augustinisme politique ?
5. Quelle théorie distingue Saint Thomas d'Aquin ?

Réponses

1. La constitution de Solon date du début du VIe siècle avant J.-C. Son nom est celui d'un célèbre poète et législateur athénien.

Au début du VIe siècle, Solon instaurera une justice qui sera fondée sur des lois plutôt que d'être à la merci de l'arbitraire de quelques puissants personnages. Tous les citoyens seront égaux devant cette justice et tous y auront accès, à condition qu'ils veuillent et puissent assurer eux-mêmes leur défense. Le même Solon créera les principales institutions démocratiques, mais il faudra attendre encore un siècle, où la transition sera assurée par des tyrans, pour que la réforme démocratique soit achevée.

2. La *landsgemeinde* est une persistance de la démocratie directe en Suisse.

La Constitution de la Suisse prévoit que la **Landsgemeinde** se tient une fois par an. L'ensemble du peuple se rassemble, comme sur l'*agora* à l'époque antique. Il propose les affaires qui seront traitées, les plus importantes. Celles qui n'auront pas pu être débattues seront renvoyées devant le conseil ordinaire (qui réunit le Landamann et les magistrats) ou à une prochaine assemblée. L'assemblée générale s'occupe des affaires ordinaires de l'État, mais son pouvoir est limité car la souveraineté réside dans le corps de l'ensemble des citoyens.

3. Le *sacerdotalisme* prône que l'empereur est dans l'Église.

C'est ainsi que Saint Ambroise de Milan déclara que « l'empereur est dans l'Église, non au-dessus de l'Église ». Par conséquent, l'empereur reste subordonné au pouvoir ecclésiastique. D'ailleurs, suite au massacre de Thessalonique, Ambroise obligea l'empereur Théodose à faire publiquement pénitence. Cet acte marqua le début d'une période de l'histoire entièrement dominée par les rapports entre les pouvoirs temporel et spirituel.

4. L'Augustinisme politique affirme la supériorité de la cité de Dieu sur la Cité terrestre.

En fait, il ne faut pas confondre la pensée de Saint Augustin avec l'augustinisme politique. Saint Augustin (345-430) pour sa part a écrit les *Confessions* et *La cité de Dieu*. Il adopta la conception linéaire du temps et réfuta la perception cyclique de l'Histoire mais surtout affirma la stricte séparation des deux cités, spirituelle et temporelle. Les deux pouvoirs ne sont pas confondus mais vivent en harmonie puisque le bon chrétien est à la fois membre de sa communauté religieuse et citoyen. Pourtant, en effet, l'augustinisme politique subordonnera le pouvoir temporel au pouvoir spirituel.

5. Saint Thomas est connu pour sa théorie du bien commun ;

Saint Thomas d'Aquin (1225-1274) affirma que le pouvoir, bien que d'origine divine, était aussi de droit humain. La communauté des hommes devenait à ses yeux la seule instance capable de déterminer son bien commun. Il ne s'agit pas ici d'une conception démocratique de la souveraineté initiale mais plutôt d'une conception aristocratique, dans la mesure où le peuple ne s'incarnait pas dans la multitude mais dans l'élite de la société. Le régime idéal de Saint Thomas réside dans un régime mixte mélangeant monarchie, aristocratie et démocratie. Ce moine dominicain alla ainsi à l'encontre des thèses extrémistes de la pensée pontificale de l'époque.

Bonheur et politique

Étymologie/Définition/Histoire

Du latin : *bonum augurium,* qui signifie « ce qui est de bon augure, de bon présage ».

Par conséquent, pour les anciens, le bonheur arriverait par hasard, selon des circonstances favorables à l'individu et non pas selon la conduite (le mérite, la vertu). Cette perception du bonheur s'oppose à la philosophie asiatique du Tao he Qing de Lao Tseu. Pour ce sage chinois, au contraire, le bonheur se construit pas à pas (« la voie ») grâce à un travail de détachement (« Si tu t'attaches à une chose tu la perds »). En définitive, cette deuxième vision du bonheur se rapproche davantage de « augurium » issu du verbe « augere » (augmenter, accroître) indiquant une progression et une élévation vers le bonheur.

Le bonheur est « une idée neuve en Europe » (Saint-Just, homme de la Révolution).

Sujet proposé

La cité peut-elle organiser le bonheur ?

Problématique proposée

Le bonheur peut apparaître comme une utopie politique et se définir comme étant « le bien-être, constamment ». Il surviendrait après l'assouvissement de tous les désirs qui, eux-mêmes, tendent à accéder au plaisir. Mais contrairement au plaisir, le bonheur n'est pas un moyen (exemple : on désire l'argent pour le luxe) mais une fin en soi. Ainsi, une fois le désir du bonheur assouvi, l'individu ne voudrait plus rien d'autre. Pour cela, il définit le bonheur comme la satisfaction de toutes nos inclinations : tant en extension (en multiplicité) qu'en intensité (le degré) et qu'en propension (la durée). En cela, le bonheur resterait un idéal de l'imagination.

On ne peut aborder le thème du bonheur sans mentionner l'idéal chrétien. L'enseignement du Christ ne saurait être qualifié de révolution politique car l'annonce du règne de Dieu coïncide avec la fin du politique. Cependant, cet enseignement implique une révolution sociale. Replacé dans son contexte culturel d'antiquité romaine où priment les valeurs de richesse (autre type de « fortune » ou « augure ») et de pouvoir, le Christ se dresse contre cette civilisation en prônant la pauvreté, le don de soi et le repentir. Le bonheur chrétien concerne la cité céleste (ou la communauté des chrétiens) et l'état de nature humaine avant la chute d'Adam et Ève. Le célèbre passage de l'Évangile « Il faut rendre à César ce qui est à César et à Dieu ce qui est à Dieu » rappelle bien que la félicité chrétienne tient de la vie spirituelle alors que toute activité politique n'a qu'une fin terrestre et n'a aucune valeur devant le jugement de Dieu.

Comment l'Homme peut-il cesser de désirer de manière durable ?

Mais le bonheur peut également être perçu comme le résultat d'une démarche personnelle. De ce point de vue, le bonheur se définit comme une bonne gestion des désirs dès qu'ils s'éveillent en l'Homme. Il ne s'agit pas ici de nier la nature humaine ni ce qui l'anime mais au contraire de la contrôler. Durant l'antiquité grecque, le stoïcisme tenta de concevoir un être humain, fait de chair et de sang, et pourtant sans désir. Pour cela, il opéra une distinction entre le désir et la volonté, définie comme une tendance réfléchie qui conduit vers le bien et la vertu. Par exemple, les stoïciens opposaient le désir de se nourrir (avec la faim comme manifestation) au devoir de se nourrir.

Épicure en particulier opposa le plaisir passager au bonheur durable. Il distingua également le bonheur comme plaisir « catastématique » (c'est-à-dire constitutif) du bonheur comme plaisir « cinétique » (en mouvement, dynamique). Pour Épicure en effet, le bonheur peut être atteint dans la mesure où il s'agit de maîtriser harmonieusement toutes nos facultés.

Par son influence sur le croyant en tant que citoyen, le bonheur chrétien concerne aussi la Cité terrestre (c'est-à-dire l'État). Saint Augustin (345-430) partagea le premier l'humanité en deux Cités, La Cité de Dieu et la Cité terrestre. Bien que non confondues, ces deux cités devaient selon lui vivre harmonieusement dans la mesure où le Chrétien appartenait à la fois à l'une et à l'autre. S'il ne parla pas de bonheur terrestre, Saint Augustin s'en rapprocha en spécifiant que la finalité du pouvoir était le règne de la justice et de la concorde. De nos jours enfin, la question se pose de savoir si dans une société de consommation, le bonheur est possible. En effet, constamment, l'industrie crée de nouveaux besoins en anticipant ou en provoquant de nouveaux désirs chez le consommateur. Car ce marché du désir frustre le consommateur qui n'a pas les moyens financiers et matériels d'accéder à l'idéal de bonheur affiché, par exemple, dans les publicités. Dans les sociétés occidentales, le bonheur semble rimer avec « fortune » dans le sens de « hasard » d'être bien né (le bon-heur = bon hasard). L'organisation capitaliste des pays occidentaux fait du bonheur non pas une utopie mais l'affaire de quelques-uns.

Conclusion

La corruption au sein de la société américaine Enron, l'augmentation des divorces et surtout la banalisation des substances psychédéliques chez les jeunes démontrent la fuite par la verticale d'une population qui n'a pas encore atteint, *hic et nunc* le bonheur.

Bibliographie : H. LABORIT, <u>Éloge de la fuite</u>, Éditions Gallimard, 2001 ; Pascal BRUCKNER, <u>L'Euphorie perpétuelle</u>, Éditions Lgf, 2002.

Sujets voisins et leurs problématiques

« L'évolution politique, économique et sociale depuis un siècle permet-elle de conclure au progrès humain ? »

En un siècle, l'espérance de vie des hommes s'est allongée, les démocraties membres de l'ONU se sont multipliées et nous sommes capables d'aller sur la Lune. Et pourtant, par le virtuel, la religion ou la drogue, nos contemporains fuient ce monde pour trouver le bonheur ailleurs. Peut-on alors parler réellement de progrès humain ?

« Cultures et bonheur »

La philosophie des lumières considérait qu'il y avait dans le monde une marche irréversible vers un bonheur universel. On ne parlait pas des hommes mais de l'Homme guidé par sa raison. L'anthropologue Claude Lévi-Strauss a introduit dans les années 1950 le relativisme culturel, niant ainsi l'universalité de nos valeurs. Dans un monde multiculturel, peut-on encore parler d'un bonheur singulier ?

Citations utiles

« *Je veux que les Français datent leur bonheur de l'institution des préfets.* » Napoléon Bonaparte.

« *Rien n'empêche le bonheur comme le souvenir du bonheur.* » André Gide. Extrait de <u>L'immoraliste</u>.

« *Le bonheur repose sur le malheur, le malheur couve sous le bonheur. Qui connaît leur apogée respective ?* » Lao-Tseu.

« *Le bonheur, c'est de continuer à désirer ce qu'on possède.* » Saint Augustin.

« *Le sort de chaque homme est décidé avant lui-même qu'il n'ait vu la lumière de la vie. Bonheur et malheur lui sont prédestinés avant sa naissance.* » Raden Adjery Kartini. Extrait de <u>Lettre</u>.

« *Bonheur : as-tu réfléchi combien cet horrible mot a fait couler de larmes ? Sans ce mot-là, on dormirait plus tranquille et on vivrait à l'aise.* » Gustave Flaubert. Extrait d'une Lettre à Alfred Le Poitevin.

L'État et la France contemporaine

Étymologie/Définition/Histoire

Vient du latin : *status* et de *stare* (être debout). Désigne ce qui est stable.

Définition : personne morale de droit public, territoriale, souveraine et titulaire du monopole de la violence légitime (Max Weber). Définition marxiste : « L'État est l'instrument d'oppression d'une classe sociale sur une autre ».

Sujet proposé

Les États-Nations pourront-ils survivre aux confédérations d'États ? En France plus précisément, il semblerait que l'État (par conséquence la République) se transforme en une peau de chagrin.

Problématique proposée

L'étiolement des prérogatives de l'État semble inexorable.

Héritière de la monarchie absolue, la France jacobiniste a évolué vers un gouvernement centrifuge avec la loi du 2 mars 1982 sur la décentralisation. Le modèle républicain s'est également érodé. La *res publica* n'est plus vraiment « indivisible, laïque, démocratique et sociale » (article 2 de la Constitution de 1958). Indivisible : l'évolution européenne voit naître des régions

(basque par exemple) susceptibles de modifier nos frontières et on parle de
« peuple corse ». Démocratique : ce n'est pas le démos (le peuple) *via* ses
représentants élus qui est à l'origine de la plupart des lois mais l'exécutif.
Sociale : l'État instituteur dont parlait Rosanvallon doit s'incliner devant le
primat de l'économie et on s'oriente vers une professionnalisation de l'enseignement (VAE). La promotion sociale par le mérite et les diplômes a subi un
revers et les jeunes diplômés alimentent les rangs des chômeurs.

Partout dans le monde, l'idéologie dite néolibérale s'est imposée, presque
au détriment des politiques keynésiennes. Ce mouvement a favorisé le
triomphe du capitalisme et du marché par la déréglementation. Les accords
du GATT et la mise en place de l'OMC ont supprimé les derniers obstacles
au libre-échange. C'est ainsi que la France a perdu les principaux signes de sa
souveraineté. Le franc a cédé la place à l'euro, les frontières n'existent plus à
l'intérieur de l'espace européen (accords de Schengen 1995) et 90 % de nos
lois sont issues du droit européen dérivé.

L'exception française semble persister.

Mais malgré tout, les principales fonctions régaliennes de l'État perdurent.
La tradition sociale de la France peut se résumer à quelques grandes dates :
allocations familiales en 1932, instauration de la Sécurité sociale en 1946,
SMIG en 1950 et mise en place de l'assurance chômage en 1958. Rappelons
que les assurances chômage et maladie restent obligatoires en France alors
qu'à l'étranger, comme en Allemagne ou aux États-Unis, elles demeurent
facultatives. Dans ces pays, les plus riches demeurent les mieux protégés. Au
contraire, en France, la CMU se développe pour couvrir intégralement les plus
démunis comme les RMIstes. La France s'organise autour d'un État fort.

L'actualité a montré que la laïcité restait un thème mobilisateur en France.
Déjà, en 1908 l'arrêt Marisot du Conseil d'État condamna un enseignant qui
ayant parlé de l'immortalité de l'âme en cours avait porté atteinte à la laïcité.
L'arrêt de 1992 avait également interdit le port ostentatoire de signes religieux. En définitive, la liberté de culte s'entend dans la sphère privée et ne
doit pas se manifester dans les lieux publics. Caractéristique de l'État en
France comme en Turquie d'ailleurs, la laïcité s'oppose aux traditions
communautaristes anglo-saxonnes.

Conclusion

C'est la haute idée qu'elle se fait d'elle-même qui maintient la France debout. Le « moment irakien » en 2002 a permis l'adoption à l'unanimité des vues françaises, dans la résolution 1441 de l'ONU. Ainsi l'État en France est voué à muter, mais la France peut conserver un éclat international à condition d'y croire elle-même. La bataille de Valéry Giscard d'Estaing pour faire adopter une Constitution européenne en est la preuve (voir EUROPE).

Bibliographie : Ramses 2004, Institut français des relations internationales, 2003 ; Georges BURDEAU, L'État, Éditions du Seuil, 1970.

Sujets voisins et leurs problématiques

« L'avenir de la France, il y a trente ans et aujourd'hui. » (sujet ENA 1974)

Il y trente ans, la France s'engageait sur deux voies complémentaires. D'une part, après avoir restitué à ses colonies leur indépendance, elle amorçait avec elles de nouvelles relations économiques et politiques. D'autre part, elle s'affirmait avec l'Allemagne comme le moteur de la CEE. Il y a trente ans, l'Europe représentait l'avenir de la France. Après avoir dit non au projet de Constitution européenne, on peut se demander aujourd'hui quel est l'avenir de la France.

« On parle parfois d'un « retour de l'État », qu'en pensez-vous ? »

L'État semble avoir perdu tous ses signes extérieurs de souveraineté tels que la monnaie (et donc sa politique monétaire), des frontières hermétiques (avec les accords de Schengen). Parallèlement, l'idée de mondialisation et celle du mouvement de l'histoire gagnent du terrain si bien que les nationalismes et l'interventionnisme étatique apparaissent comme une « maladie infantile ». Comment et pourquoi, dans ce contexte, peut-on parler d'un « retour de l'État » ?

« *L'État est le plus froid des monstres froids. Il ment froidement ; et voici le mensonge qui s'échappe de sa bouche : "Moi l'État, je suis le peuple."* » Friedrich Nietzsche. Extrait de <u>Ainsi parlait Zarathoustra</u>.

« *Les financiers ne font bien leurs affaires que lorsque l'État les fait mal.* » Talleyrand.

« *Ne fais jamais rien contre ta conscience, même si l'État te le demande.* » Albert Einstein.

« *L'histoire des peuples dans l'histoire, c'est l'histoire de leur lutte contre l'État.* » Pierre Clastres. Extrait de <u>La société contre l'État</u>.

« *Tandis que l'État existe, pas de liberté ; quand régnera la liberté, il n'y aura plus d'État.* » Lénine. Extrait de <u>L'État et la Révolution</u>.

« *Si l'État est fort, il nous écrase. S'il est faible, nous périssons.* » Paul Valéry, <u>Regards sur le monde actuel</u>.

■ Actualité

Régulation de la « masse personnel » dans le budget de l'État

Dans le cadre de la loi organique du 1er août 2001, les charges budgétaires de l'État sont regroupées sous les titres suivants :
1. Les dotations des pouvoirs publics ;
2. **Les dépenses de personnel** ;
3. Les dépenses de fonctionnement ;
4. Les charges de la dette de l'État ;
5. Les dépenses d'investissement ;
6. Les dépenses d'intervention ;
7. Les dépenses d'opérations financières.

Les dépenses de personnel comprennent :
– les rémunérations d'activité ;
– les cotisations et contributions sociales ;
– les prestations sociales et allocations diverses.

On appelle **« masse personnel »** les dépenses de personnel, par opposition à la masse de fonctionnement et aux crédits d'investissement. À l'échelle de l'État, il existe une « fongibilité » des crédits, c'est-à-dire qu'il est possible d'utiliser à d'autres emplois les crédits prévisionnels dédiés aux dépenses de personnel, sans que l'inverse puisse être réalisé.

Le budget 2006 applique la loi organique relative aux lois de finances dans son intégralité. Désormais, la masse personnel ne pourra plus être augmentée en cours d'année. La fongibilité asymétrique permet aux opérateurs d'utiliser les crédits de personnel à d'autres natures de dépenses (de fonctionnement par exemple) mais pas l'inverse.

La justice et le droit

Étymologie/Définitions/Histoire

Du latin *jus* qui signifie le droit ; le gérondif *juris* a donné juriste, spécialiste du droit.

Dieu juge les âmes et la justice terrestre juge les faits.

Sujet proposé

Ce n'est pas « justitia » (justice) qui a donné « jus » (le droit) mais « jussum » (le commandement). La justice est une vertu, le droit est une règle. Le droit ne juge que les conduites observables (du latin « directum », en ligne droite) et non pas les intentions subjectives. Le droit se contente ainsi de conduites hypocrites tandis que la justice se rapproche de la morale et réclame une pureté de l'intention.

Peut-on considérer qu'il existe une justice universelle qui pourrait trouver partout des applications juridiques ? Cela revient-il à dire qu'il existe un droit naturel ?

Problématique proposée

Le Droit et la Justice ne coïncident pas forcément.

La justice est considérée comme la principale vertu morale de laquelle découlent toutes les autres vertus. Le droit par contre nous indique le cadre légal dans lequel il est permis ou non de faire telle ou telle chose. Durant l'Antiquité, Sophocle dans son <u>Antigone</u> mit en scène la tragique opposition entre la Justice qui relève de l'intime, et le droit. Antigone qui avait violé le décret de Créon en jetant de la terre sur le cadavre de son frère fut condamnée à mort. Plus tard Ulpien expliqua qu'en droit romain, la justice extérieure suffit.

Pour Hobbes comme pour Jean-Jacques Rousseau, il existe bien un droit naturel. Mais personne ne s'accorde sur la réalité de ce droit. Pour le connaître, il faut remonter à l'état de nature de l'Homme, à l'Homme d'avant la civilisation. Mais tandis que pour Hobbes, en ces temps reculés, l'homme était un loup pour l'homme, pour Rousseau, au contraire, l'homme était bon. Ainsi, pour le premier, le droit naturel rejoint la loi du plus fort, tandis que pour l'autre le droit naturel devient un droit des libertés. Pour décrypter un droit naturel et atteindre une justice universelle, inutile, nous dit Niezsche, de nous baser sur la morale. Dans <u>La généalogie de la morale</u> en effet, le philosophe allemand affirme que la morale est le fruit des hommes faibles, les sous-hommes, qui imposèrent une éthique faite pour briser les surhommes (les artistes, les hommes amoraux).

Lorsque le Droit et la Justice coïncident, ils semblent servir le but kantien.

Mais si le droit des hommes ne peut pas juger les âmes, il juge de plus en plus l'intention des individus.

La religion intériorise les notions de bien et de mal, et remplace le droit. Dans <u>L'exode</u> par exemple, le « tu ne voleras point » remplace notre code de procédure pénale. Les religions et le Christ en particulier insistent sur la justice intérieure et sur le fait que le bon chrétien ne peut pas feindre la bonté. C'est de l'Antiquité grecque que date la mise en place des tribunaux populaires pour mettre fin aux vendettas et aux vengeances personnelles. En France, les assises introduisent dans le jugement des faits, l'« intime conviction » et donc le subjectif.

On a vu récemment se développer la protection des personnes faibles avec « l'abus de confiance » considéré comme une escroquerie morale. On condamnera tout abus de position dominante, comme par exemple celle d'un psychiatre qui utiliserait sa position dominante sur un patient à des fins non médicales. En droit international, la charte des Droits de l'Homme est signée par de plus en plus de pays et l'ONU semble réaliser ce désir d'universalité.

Conclusion

Le droit restera toujours plus laxiste que la justice. Il autorise par exemple le mensonge ou l'adultère en dehors des liens du mariage. C'est par l'éducation que la morale doit freiner l'abus en déclenchant le remords. Nous ne sommes pas une société d'anges et nous pouvons croire avec Kant qu'il est possible de faire vivre ensemble une société de démons, par le droit et l'impératif de la loi. Nous passons alors de l'état de nature à l'état de droit.

Bibliographie : Michel FOUCAULT, <u>Surveiller et punir</u>, Gallimard 1975 ; Léo STRAUSS, <u>Droit naturel et Histoire</u>, Éditions Flammarion, 1986.

Sujets voisins et leurs problématiques

« Quelle est la place du juge dans une démocratie contemporaine ? »

Pour Montesquieu, le régime modéré est celui qui sépare soigneusement l'exercice des trois pouvoirs, à savoir le législatif, l'exécutif et le judiciaire. Les démocraties contemporaines ont vu naître un « quatrième pouvoir » incarné par les médias. L'actualité a démontré que le secret de l'instruction peut être bafoué. Le juge doit-il collaborer ou résister à ce quatrième pouvoir ?

Concours externe ENA, 2003 : « Reste-t-il dans les sociétés occidentales des droits à conquérir ? »

La lente évolution juridique a fait succéder les « droits à » aux « droits de ». Ainsi, la déclaration des droits de l'Homme et du citoyen de 1789 parle du droit de propriété, de la liberté d'opinion, alors que le Préambule de 1946 parle du droit à l'instruction, à la formation professionnelle et à la culture, ou encore du droit à la santé, à la sécurité matérielle, au repos et aux loisirs. Il s'agit de principes généraux et de droits fondamentaux reconnus par la Constitution de 1958. Les conventions et accords internationaux ont consacré ces droits à travers la planète. Aussi, semble-t-il judicieux de se demander quelle pourrait être la nature d'une troisième génération de droits qu'il resterait à conquérir en Occident.

Citations utiles

« *La justice sans la force est impuissante, la force sans la justice est tyrannique.* » Blaise Pascal. Extrait des <u>Pensées sur la religion</u>.

« *La justice française ne peut plus être une justice qui tue.* » Robert Badinter. Extrait d'une interview dans <u>Le Monde</u> – 28 août 1981.

« *Il est effrayant de penser que cette chose qu'on a en soi, le jugement, n'est pas la justice. Le jugement, c'est le relatif. La justice, c'est l'absolu.* » Victor Hugo. Extrait de <u>L'Homme qui rit</u>.

« *Il faut de la force assurément pour tenir toujours la balance de la justice droite entre tant de gens qui font leurs efforts pour la faire pencher de leur côté.* » Louis XIV. Extrait de ses <u>Mémoires</u>.

« *Une injustice commise quelque part est une menace pour la justice dans le monde entier.* » Martin Luther King. Extrait de <u>Lettre</u>.

Une notion à connaître

Le plaider coupable

Cette nouvelle procédure issue de la loi du 9 mars 2004 <u>Perben II</u>, est prévue dans la partie consacrée au jugement des délits du « *Code de Procédure Pénale* » et s'applique depuis le 1er octobre 2004.

Elle prévoit une nouvelle procédure selon laquelle le délinquant qui reconnaît sa culpabilité (délits punis d'amende ou d'emprisonnement inférieur à 5 ans) se voit proposer par le Procureur de la République une peine. En cas d'accord, la personne comparaît devant le Président du Tribunal de Grande Instance ou un juge délégué. Le juge homologue ou non l'accord. L'ordonnance prise par le Président du TGI ou le juge délégué a un effet exécutoire et est susceptible d'appel. En appel, la Cour ne pourra prononcer une peine plus sévère.

En cas de refus de la proposition du procureur ou si le juge n'homologue pas l'accord, le procureur saisit le tribunal correctionnel ou demande l'ouverture d'une une enquête (information).

Liberté et lien social

Étymologie/Définition/Histoire

Du latin *liber*, qui agit à sa guise.
La liberté se définit négativement par l'absence de contrainte et positivement comme l'état de celui qui fait ce qu'il veut.

Sujet proposé

La liberté semble difficile à définir et relever davantage de l'expérience. Il s'agirait d'un « sentiment vif et interne » (Descartes). Est-on vraiment libre à partir du moment où on est au moins deux ?

Problématique proposée

Le resserrement du lien social sacrifie un peu de la liberté de chacun.

La liberté se définit à plusieurs niveaux. À son niveau zéro, seul l'homme sain et en bonne santé peut se déclarer libre. En effet, l'homme malade est « prisonnier » de son corps. À un niveau d'explication supérieur, la liberté se définit comme la spontanéité des tendances qui ne rencontrent aucune entrave. Pourtant, nous pouvons spontanément nous laisser aller à des tendances qui nuiront à notre santé, en buvant trop d'alcool par exemple. Aussi, pour Platon, ce n'est pas parce que nous nous laissons aller à nos tendances que nous sommes libres car « nous n'avons pas conscience d'être libre lorsque nous succombons aux passions ». Aussi, pour les philosophes, la liberté s'accompagne-t-elle d'une conscience de cette liberté.

Pour Spinoza en particulier, « l'action libre est celle qui se détermine en faveur du désir raisonnable ». L'action serait libre lorsque la conscience se détermine contre ses désirs. Il faut cependant ici insister sur la vision toute occidentale de la liberté comme résistance à la tentation. En effet, pour le sage taoïste Lao Tseu (VIe siècle avant notre ère) au contraire, l'Homme ne devient libre qu'isolé et éloigné de tout ce qui le structure artificiellement. Aussi, le sage asiatique ne devient-il libre qu'extirpé de la société. Orient et Occident, par contre, s'accordent pour dire que la société « enferme » l'individu dans un carcan et le prive de choix libérateurs. En fait, on n'est pas libre de ce que l'on fait mais de la manière dont on le fait. Par exemple, aux yeux d'une femme mariée, la femme célibataire peut sembler libre de ses actes. Mais en réalité, si ce célibat n'est pas choisi mais subi, la femme célibataire aura le sentiment d'être enfermée dans une situation qu'elle n'aura pas choisie.

La liberté absolue conduit à l'anarchie.

Comment concilier liberté individuelle et loi sociale ? Pour Platon, la démocratie directe consiste à exprimer sans limite les libertés individuelles. Dans une telle organisation sociale, il n'y a que des individus et donc plus de société possible. Il faut rappeler cependant que Platon reprochait à la démocratie d'avoir condamné à la ciguë son maître Socrate. En fait, l'histoire du droit en Occident correspond à une progression du droit des libertés. Comme par effet de cliquet, depuis les révolutions américaine et française, le peuple a conquis de plus en plus de droits. En France, le droit du travail a donné sécurité (assurance chômage, Sécurité sociale) aux travailleurs et partage du profit (congés payés en 1936, passage des 39 heures aux trente-cinq heures).

Dans la société anarchiste, chacun trouverait sa place en acceptant de sacrifier un minimum de liberté et en travaillant pour la communauté. Une société libre, cela resterait une société où tout le monde travaillerait. Ici cependant, le travail bien plus qu'une valeur deviendrait l'unique obligation qui pèse sur l'individu pour que tourne le monde, c'est le prix de sa liberté. D'ailleurs, le libéralisme du XIXe siècle prônait la subordination des intérêts sociaux aux intérêts particuliers.

Conclusion

L'âne de Buridan se laissa dépérir car il ne parvint pas à choisir entre deux types de foin identiques. Ainsi, la liberté se détermine par des choix mais différents l'un de l'autre. S'engager c'est s'affirmer dans le choix des multiples possibles (l'existentialisme de J.-P. Sartre). Chacun à notre niveau, nous pouvons résister aux tendances de notre époque et dire « je » au milieu du « nous ».

Bibliographie : <u>Liberté chérie</u>, Julien Green, Éditions du Seuil, 1989.

Problématiques sur des sujets voisins

« Avons-nous besoin des autres pour être libres ? »

Hegel, dans sa dialectique du maître et de l'esclave, explique que l'un n'existe que dans et par le regard de l'autre. Le maître n'a conscience de lui-même que parce que l'autre l'a reconnu. Quant à l'esclave, en se soumettant à l'autre, il a également pris conscience de lui-même. Mais si l'esclave, pour être libre, a besoin d'échapper à son maître, le maître a-t-il besoin des autres pour être libre ?

« Faut-il tolérer l'intolérance ? »

Tolérer, c'est accepter provisoirement quelque chose que l'on réprouve, sans l'apprécier. La tolérance n'est pas absolue ni normalisée, elle reste une exception à la règle. On ne parle en effet de tolérance qu'au-delà de certaines limites, par exemple pour les excès de vitesse, ou encore pour déroger à la loi (cas de la discrimination positive). À l'opposé, la « tolérance zéro » enferme une société dans les limites qu'elle s'est elle-même fixées et se prive du droit d'étudier les déviances au cas par cas.

Puisque Kant affirmait que toute action que l'on commet doit pouvoir être appliquée par toute la communauté humaine, ce que nous tolérons doit pouvoir être toléré par tous. L'intolérance envers quelques-uns (les minorités ethniques, les jeunes...) peut-elle être tolérée par ces victimes du sectarisme ? La limite de la tolérance se trouve-t-elle dans l'intolérance ?

Citations utiles

« *La Liberté, ce n'est pas de pouvoir ce que l'on veut, mais de vouloir ce que l'on peut.* » Jean-Paul Sartre.

« *Liberté implique responsabilité. C'est là pourquoi la plupart des hommes la redoutent.* » Georges Bernard Shaw. Extrait de <u>Maximes pour révolutionnaires</u>.

« *Le premier des droits de l'homme c'est la liberté individuelle, la liberté de la propriété, la liberté de la pensée, la liberté du travail.* » Jean Jaurès.

« *Le dernier mot de la liberté, c'est l'égoïsme.* » Gérard de Nerval. Extrait de <u>Paradoxe et vérité</u>.

« *Quand la vérité n'est pas libre, la liberté n'est pas vraie.* » Jacques Prévert. Extrait de <u>Spectacles</u>.

« *l'Homme est condamné à être libre* » Jean-Paul Sartre.

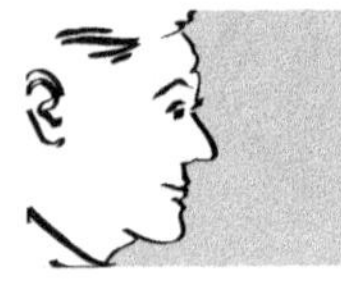

L'essentiel sur un auteur
Jean-Paul SARTRE (1905-1980)

Jean-Paul Sartre fut révélé par <u>La Nausée</u> en 1938 et <u>Le Mur</u> en 1939 et exposa en 1943 dans <u>L'Être et le Néant</u> les principes de sa philosophie existentialiste. <u>La Nausée</u> retrace une certaine vision du monde où l'individu, dégoûté par l'existence, doit affronter l'absurdité des événements. Son principe est résumé dans sa célèbre phrase « l'existence précède l'essence » et signifie que la personnalité d'un individu (son essence) n'est pas prédestinée mais se construit à travers une succession de choix difficilement justifiables.

C'est en ce sens que l'Homme est condamné à être libre et à opérer des choix voire à engager sa responsabilité dans son action.

Sa philosophie de l'histoire reste assez proche du marxisme car l'homme est dans l'histoire, mais Sartre introduit aussi une vision humaniste dans sa thèse car la dimension individualiste subsiste toujours.

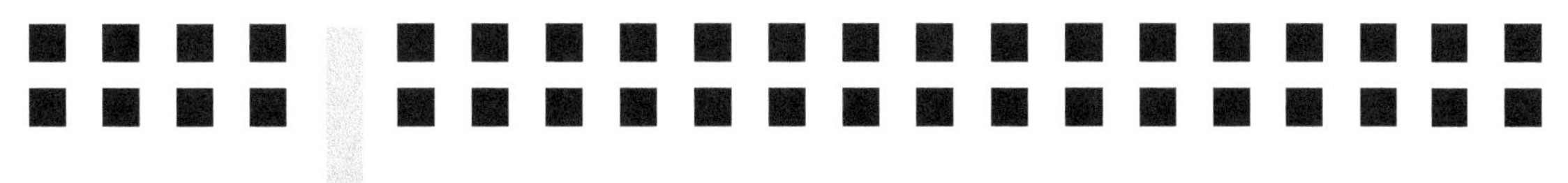

Culture, communication et éducation

Culture générale et efficacité professionnelle

Étymologie/Définition/Histoire

Du latin : *cultus* (travail de la terre pour qu'elle produise). Sens premier : agriculture. Sens figuré : évocation de la semence et de la récolte ; la culture générale revêt la forme d'une culture intellectuelle qui se développe et progresse.

Sujet proposé

On peut opposer la culture générale à la culture d'entreprise. Est-ce que la culture générale favorise l'efficacité professionnelle ou bien « l'honnête homme » n'a-t-il pas sa place dans le tertiaire ?

Problématique proposée

Une certaine tradition a désolidarisé la culture générale du monde professionnel.

Finley Moses a analysé comment, dans la Grèce antique, l'élite économique se distinguait du peuple en ce qu'elle ne travaillait pas. Socrate et Platon consacrèrent l'intégralité de leur temps à la philosophie, sans travailler. L'idée selon laquelle la culture générale est l'apanage d'une élite qui refuse de travailler s'ancre dès l'Antiquité dans une pensée aristocratique. De nos jours par exemple, de nombreux philosophes continuent à refuser la compromission de l'homme cultivé et on peut citer ici Alain : « On ne vit pas le temps où on travaille ». Ne pas vouloir gagner son pain à la sueur de son front peut en revenir à mépriser les classes laborieuses.

L'employeur reste le mieux placé pour dire si la culture générale est un outil d'efficacité professionnelle. Or, les entreprises recrutent surtout des bac plus deux et on peut donc en conclure que la culture générale idéale pour une meilleure efficacité au travail est la culture acquise durant le premier cycle du supérieur. À l'inverse, de nombreux docteurs, diplômés de troisième cycle, grossissent les rangs des chômeurs. De nos jours, contrairement à l'Antiquité, l'activité professionnelle ne s'avère plus avilissante mais au contraire valorisante et intégratrice. Mais le rapport entre travail et culture semble dans une première analyse rester le même, l'intellectuel et le travailleur se rejetant mutuellement.

La culture générale, face au travail flexible, devient un atout et favorise l'efficacité professionnelle.

La Renaissance qui s'intéressa à l'Antiquité donna naissance à de nombreux érudits, inventeurs omniscients. Léonard de Vinci peut ainsi constituer un idéal-type wébérien de ce que fut l'honnête homme. Artiste et scientifique, il se révéla un génie de la mécanique et dessina le premier les plans d'un hélicoptère. De nos jours, la culture d'entreprise a cédé la place à la transversalité des connaissances. Une société doit constamment s'adapter aux exigences du marché et lancer de nouveaux produits. Elle se doit de réagir vite et, pour cela, s'appuyer sur un personnel dynamique et réactif. Le temps n'est plus à la carrière mais à l'emploi. Dans ce contexte général d'interdisciplinarité, la notion de culture générale a elle-même évolué et comprend aujourd'hui l'intelligence pratique autant que théorique. Ainsi, l'atout d'un intérimaire résidera non pas dans sa culture d'entreprise mais dans sa connaissance d'entreprises concurrentes. Il se réadapte constamment à un nouvel environnement et se rapproche en cela des fonctionnaires qui « tournent » soit en France soit dans leur région avant de se stabiliser. Comme le souhaitait Rabelais, notre époque a besoin de têtes bien faites et non pas de têtes bien pleines.

Un autre indicateur réside dans la formation continue. Car, si la formation continue du personnel de la fonction publique comme du secteur privé se développe, c'est bien que leurs employeurs respectifs ont constaté que la formation théorique renforçait leur efficacité professionnelle. Autrement dit, les employeurs, privés et publics, semblent certains d'obtenir un retour sur investissement en formant l'esprit de leurs employés. Au moment de l'épreuve orale de culture générale dans les concours administratifs, le jury va également estimer la résistance au stress du candidat pour savoir s'il paraît apte à diriger une équipe. Ainsi, la culture générale au-delà d'un simple agrégat de savoirs, désigne un esprit libéré par cette dernière.

Conclusion

Ainsi, à travers les siècles, la culture générale est passée d'outil de distinction (Pierre BOURDIEU) à outil d'intégration sociale. Aujourd'hui, l'Éducation nationale tente en France de transmettre à chaque enfant le capital culturel de ses aïeux et rend possible une mobilité transgénérationnelle. Mais la primauté du champ économique sur celui de la pensée n'est-elle pas en train de brader notre système éducatif ? (voir ÉDUCATION)

Bibliographie : Julien Benda, <u>La trahison des clercs</u>, Éditions Grasset, 2003 ; Claude Lévi-Strauss, <u>Structures élémentaires de la parenté</u>, Éditions Mouton, 1967.

Problématiques sur des sujets voisins

« Culture et cultures dans la France d'aujourd'hui. »

À la société nationale du XIXe siècle fondée sur la tradition et l'Église a succédé une France pluraliste, fruit des immigrations et de l'Histoire et fédérée autour du concept de laïcité. Cette France plurielle peut-elle se comprendre sans reconnaître en son sein l'existence de communautés voire de minorités ? Autrement dit, la France a-t-elle trouvé un modèle d'intégration grâce à l'article premier de sa Constitution, à savoir que la République refuse toute « distinction d'origine, de race ou de religion » ?

« Culture et nature. »

Opposer culture et nature revient à préciser que l'Homme est un « roseau pensant » à l'inverse de l'animal. L'homme cultive la nature alors que l'animal, au contraire, est un être de nature. Mais quel est l'état de nature de l'Homme ? Est-il bon comme le soutient J.-J. Rousseau ou mauvais selon Le leviathan de Hobbes ? Peut-on seulement parler de « nature » chez l'Homme qui, pour Aristote, n'existe pas en dehors du groupe et de la cité ?

Citations utiles

« La culture ne s'hérite pas, elle se conquiert. » André Malraux. Extrait de Hommage à la Grèce.

« La culture est ce qui fait d'une journée de travail une journée de vie. » Georges Duhamel.

« La culture n'est pas un luxe, c'est une nécessité. » Gao Xingjian. Extrait de La montagne de l'âme.

« La survie de la langue passe par celle de la Culture qu'elle véhicule. » Jacques Attali. Extrait de La voie humaine.

« La culture est ce qui subsiste quand on a oublié tout ce qu'on avait appris. » Selma Lagerlof.

On attribue à un responsable fasciste cette phrase : *« Quand j'entends le mot culture, je sors mon revolver »*.

Éducation nationale et chômage

Étymologie/Définition/Histoire

Du latin : *educare* (former, instruire).

En France, avant la révolution, les cahiers de doléances faisaient apparaître des demandes en faveur de la gratuité de l'enseignement. D'après l'article 2 de la Constitution de 1958, la France est une République laïque et le Préambule de la Constitution de 1946 précise que l'éducation est gratuite. En France, l'école laïque est la règle, les établissements privés sous contrat l'exception, contrairement au système américain.

Sujet proposé

L'Éducation Nationale parvient-elle encore à former les futurs travailleurs ? N'est-elle pas en décalage avec le monde du travail si on considère que de nombreux jeunes diplômés se retrouvent au chômage ?

L'Éducation Nationale peut sembler de prime abord trop concentrée sur sa mission de formation au détriment de celle de l'intégration des étudiants dans le monde du travail.

La « galère » est un concept émergent des années 1990. Elle s'applique aux jeunes diplômés qui traversent une période d'inactivité plus ou moins longue avant de démarrer leur carrière. Cela peut s'expliquer par la théorie de l'offre et de la demande. Raymond BOUDON, notamment, démontra qu'il y a de plus en plus de jeunes diplômés du supérieur pour un nombre de postes d'encadrement qui, lui, n'a pas progressé. Raymond BOUDON, dans <u>l'inégalité des chances</u>, insistait sur la nécessité de valoriser ses réseaux dits d'influences pour, à diplôme égal, trouver un travail. On peut ici parler de népotisme. Pierre BOURDIEU, rejoignit pour sa part son collègue sociologue en distinguant le capital économique du capital culturel (les diplômes) et du capital social (le réseau de relations). Comme BOUDON, Pierre BOURDIEU considère qu'à diplôme égal l'individu qui a hérité de sa famille un réseau de relations influent trouvera beaucoup plus facilement un travail adapté à ses compétences.

L'Éducation nationale remplit une triple mission d'éducation (culturelle), de formation (scolaire) et d'intégration (sociale). À juste titre, l'ensemble des citoyens qui, par le paiement de l'impôt sur le revenu, financent l'Éducation nationale attendent de cette dernière une rentabilisation des études. Les employeurs reprochent à l'Éducation nationale de leur fournir des étudiants sans expérience professionnelle. Pour y remédier, depuis plusieurs années, la formation en alternance s'est développée. Les étudiants des collèges et lycées, qui ont plus de 14 ans, peuvent à la fois étudier et effectuer des stages voire travailler au sein d'une entreprise. Les CFA par exemple sont des centres de formation sous contrat fournissant des apprentis qui étudient dans des classes de vingt élèves environ et travaillent en entreprise.

Il apparaît toutefois que l'Éducation nationale remplit de façon inégale sa fonction d'intégration professionnelle.

Le taux de chômage varie selon les catégories sociales. Le site Internet de l'INSEE nous permet de recueillir des chiffres fiables à ce sujet. En mars 2002, le taux de chômage des ouvriers était de 11,4 % tandis que celui des cadres et des professions intellectuelles supérieures était de 3,8 %. Déjà, ces quelques chiffres permettent de comprendre l'empressement des classes moyennes à investir dans les études de leurs enfants. On peut en effet constater que le diplôme joue un rôle non négligeable dans l'accès à l'emploi. Plus de 14 % des sans diplôme sont au chômage contre 5,7 % des bac + 3 et plus.

L'Institut d'Études Politiques de Paris admet désormais certains étudiants issus de ZEP sur dossier. Il faut reconnaître à Sciences Po le mérite de résoudre un problème de barrière sociale qui se produit en amont (avant le bac) et qui n'est pas de son fait. Aux États-Unis, le système des « buses » permit d'affecter les élèves des quartiers défavorisés dans des écoles publiques de quartiers chics. Pour la minorité afro-américaine, c'est la propriété qui est la cause de la crise de l'éducation dans certains quartiers réputés difficiles (démographie scolaire en constante augmentation, chômage des parents etc). Les familles aux revenus les plus faibles sont logées et regroupées dans les quartiers où les loyers restent le plus bas. Ainsi, certaines écoles voient leurs classes surchargées d'élèves dont la langue maternelle n'est pas l'anglais tandis que les quartiers où les loyers sont les plus élevés développent des écoles privées pour l'élite.

Conclusion

L'Éducation nationale essaie de résoudre à son échelle un problème qui la dépasse et qui a été analysé en France par Pierre Bourdieu dans <u>Les Héritiers</u>. De nombreux facteurs sont discriminants face à l'emploi : le sexe, l'âge et l'origine sociale notamment. Le portrait-robot du chômeur ou RMIste type est une femme, jeune, peu ou pas qualifiée et issue du milieu ouvrier (voir TRAVAIL).

Bibliographie : Raymond BOUDON, <u>L'inégalité des chances</u>, 1973 ; Pierre BOURDIEU, <u>Les héritiers</u> 1966 et <u>La distinction</u> 1979, Minuit.

Sujets voisins et leurs problématiques

« Les Grandes Écoles. »

On peut opposer deux grands modèles éducatifs. D'une part le modèle anglo-saxon où, moyennant l'acquittement de droits élevés, les élèves s'assurent une scolarité de qualité. D'autre part, le modèle éducatif français gratuit propose, de la primaire au supérieur, une éducation sans distinction où tous les diplômes de même niveau ont la même valeur. Mais une société peut-elle se passer d'élite ? La France pourrait-elle faire l'économie de ses grandes écoles ?

« L'histoire de l'humanité est devenue une course entre l'éducation et la catastrophe. » H.G. Wells.

Un pays éduqué est-il un pays sauvé ? Dans la Grèce antique, un honnête citoyen se distinguait par sa capacité à philosopher. Aujourd'hui, l'honnête homme s'élève par le travail. Mais, indirectement, est-ce que ce n'est pas l'éducation des populations qui permet à un pays d'améliorer sa recherche et de générer du travail ? Peut-on encore dire avec H.G. Wells que l'éducation préservera l'humanité de la catastrophe ou d'autres facteurs entrent-ils en jeu ?

Citations utiles

« L'éducation est non pas une préparation à la vie, l'éducation est la vie même. » John Dewey.

« L'éducation peut tout : elle fait danser les ours. » Leibniz.

« Le meilleur aboutissement de l'éducation est la tolérance. » Helen Keller.

« Éducation – Ce qui manque à l'ignorant pour reconnaître qu'il ne sait rien. » Albert Brie. Extrait de <u>Le mot du silencieux</u>.

« L'éducation ne se borne pas à l'enfance et à l'adolescence. L'enseignement ne se limite pas à l'école. Toute la vie, notre milieu est notre éducation, et un éducateur à la fois sévère et dangereux. » Paul Valéry. Extrait de <u>Variété III</u>.

L'essentiel sur un auteur
Raymond BOUDON

Né en 1934, Raymond Boudon est normalien, agrégé de philosophie et est Professeur de sociologie à la Sorbonne. Avec <u>l'inégalité des chances</u> en 1973, il tenta de libérer la sociologie de ses préjugés idéologiques et remit en cause le discours égalitariste en matière d'éducation.

L'essentiel sur un auteur
Françoise DOLTO (1908-1988)

Née en 1908, Françoise Dolto est docteur en médecine et enseignant avec Jacques Lacan à la fondation de l'école freudienne de Paris. Elle fonda la psychanalyse pour enfants et écrivit notamment <u>L'Évangile au risque de la psychanalyse</u> (1977-1978) ou <u>L'échec scolaire</u> en 1989. L'auteur part du principe qu'une éducation réussie est une éducation ratée dans la mesure où la mère doit aider son enfant à se castrer de leur relation, ce qui l'ouvre à autrui.

À savoir pour l'oral : le chanteur Carlos est le fils de Françoise Dolto.

L'essentiel d'un livre
La machine égalitaire

La machine égalitaire, Alain Minc, 1987

Durant les « trente glorieuses » (1945-1975), l'État Providence a pu se développer et mettre en place des institutions et réglementations généreuses. La crise cependant, a appauvri l'État qui fabrique des inégalités. Comment en effet, accepter que les allocations familiales soient redistribuées sans condition de revenu ? La croissance n'est plus au rendez-vous (3 % au maximum) et l'État est surendetté.
Aussi, Alain Minc préconise-t-il la privatisation des entreprises publiques et semi-publiques. Il se veut le porte-parole d'un libéralisme de gauche, de marché et conduisant à davantage d'égalité.

Une notion à connaître

Népotisme

De *nepos*, neveu en latin. Expression qui vient de la faveur accordée par certains papes à leurs parents. Par extension, le népotisme consiste à abuser de son pouvoir pour favoriser un proche.

QUESTIONS DU JURY

L'objectif est ici de vous entraîner dans les conditions de l'oral.

Quel est le nom exact du Ministère de l'Éducation Nationale ?

– Le ministère de l'Éducation Nationale, de l'Enseignement supérieur et de la Recherche.

Qu'est-ce que le LMD ?

– Le LMD signifie « licence, master, doctorat ». Le Deug et la licence sont remplacés par la Licence (L1, L2, L3), le master se substitue à la maîtrise et au DEA + DESS (le M1 et M2), enfin le doctorat. Ainsi le premier cycle dure dorénavant trois ans, le master deux ans et le doctorat trois ans. On parle aussi du système des 3, 5, 8.

Qu'est-ce qu'Erasmus Mundus ?

– Il s'agit d'une bourse d'études européenne destinée aux chercheurs ou aux étudiants du 2e cycle (en M).

Qu'est-ce que la bourse Léonard de Vinci ?

– Il s'agit d'une bourse plus professionnalisante qui sert à valider l'apprentissage et à favoriser les études tout au long de la vie.
– Les étudiants sont accueillis dans des entreprises à l'étranger.

Que sont les UE ? les ECUE ? les ECTS ?

– Les UE sont des Unités d'enseignement qui ont remplacé les unités de valeur dans l'enseignement supérieur. Les ECUE sont les éléments constitutifs de ces unités d'enseignements. Dans le cursus LMD, un semestre est composé de 30 ECTS qui sont des crédits transférables et doivent permettre à un étudiant étranger de pouvoir recomposer son diplôme lors de ses études en France (et inversement). ECTS signifie *European Credit Transfer System*.

Le schéma suivant vous aidera peut-être à mieux comprendre la réforme de l'enseignement supérieur en France.

RÉFORME DU LMD EN FRANCE
Hors études
médicales

	Ancien système		LMD	
8	DOCTORAT		DOCTORAT	
7				
6				
5				
	DEA	DESS	M2	MASTER
4	MAÎTRISE		M1	
3	LICENCE		L3	LICENCE
2	DEUG 2e année		L2	
1	DEUG 1re année		L1	

La révolution de la communication

Étymologie/Définition/Histoire

Du latin : *communicare* (faire passer à, dans/transmettre)

Sujet proposé

L'accélération de la vitesse de communication a permis l'augmentation du volume d'informations échangé. L'information s'en trouve-t-elle dénaturée ?

Problématique proposée

On assiste à une accélération continue du flux de la communication.

Depuis la tradition biblique (la parole créatrice de Dieu) perdure la transmission orale des nouvelles avec les conteurs, les crieurs publics ou le journal télévisé. L'invention de l'écriture (vers 3000 avant J.-C.) a permis la transmission d'informations plus stables et avec moins d'altération (le « bruit »). Le XVIe siècle vit se développer les gazettes alors que le XVIIIe siècle a rationalisé les instruments de communication avec le système métrique, l'heure universelle et surtout le télégraphe.

Avec les Grecs, la parole se démocratisa. Le débat devint public. Les parlements en sont les descendants directs.

L'article 11 de la Déclaration des droits de l'Homme et du Citoyen de 1789 concerne la libre communication et stipule que tout citoyen peut écrire et imprimer librement. C'est la consécration de la liberté de la presse. La loi du 27 août 1986 interdit la prise de contrôle de la presse écrite par une personne morale ou physique. Des situations de monopole existent cependant, par exemple en Italie où Sylvio Berlusconi détenait les chaînes privées mais dirigeait aussi, en tant que chef du gouvernement les chaînes publiques jusqu'au printemps 2006. En France, c'est essentiellement la loi du 29 juillet 1881 qui protège la liberté de la presse. Le Conseil Constitutionnel confirma l'effet cliquet des lois nouvelles qui ne peuvent être que plus favorables aux lois précédentes.

Le débat au centre de la révolution de la communication semble s'opérer entre Internet et le livre.

L'invention du télégraphe permit le développement des relations économiques au-delà des frontières.

Certains craignent qu'Internet ne supplante le livre. Ainsi, Alain Finkielkraut dans <u>L'inquiétante extase</u> démontre que la lecture d'une page sur l'écran nous invite à cliquer sur les liens et à surfer au lieu d'analyser. En fait, Internet s'avère un excellent outil de veille juridique, économique ou politique. Cependant, le livre, outre le fait qu'il vous appartient sous une forme matérielle à la différence d'un site Internet, autorise l'interruption de la lecture, le surlignage et l'interactivité intellectuelle entre l'auteur et son lecteur.

Serge Halimi au cours d'un débat filmé par Pierre Carl dans <u>La sociologie est un sport de combat</u> défend l'écrit contre l'oral. Pour lui, plusieurs années étant nécessaires à un chercheur pour analyser un phénomène, le débat oral devient alors réducteur car l'auteur doit résumer en une minute un nouveau concept qu'il a mis deux ans à mettre au point.

Conclusion

L'écriture manuscrite pourrait bien n'être qu'une parenthèse de l'Histoire. Si les populations savent lire, les plus avancées d'entre elles ne communiquent qu'avec un clavier. La tradition épistolaire est devenue électronique et seule l'école persiste à exiger de ses étudiants et élèves l'exercice laborieux de la dictée ou dissertation manuscrite.

Bibliographie : Merleau-Ponty, <u>Phénoménologie de la perception</u>, troisième partie, Éditions Gallimard) ; Serge HALIMI, <u>Les chiens de garde</u>, Éditions raison d'Agir, 1997 ; A. FINKIELKRAUT et Paul SORIANO, <u>L'inquiétante extase</u>, Éditions mille et une nuits Fayard, 2001.

Sujets voisins et leurs problématiques

Concours interne ENA, 2003 : « L'évolution de la communication politique »

La mort de Napoléon en 1821 à Sainte-Hélène n'a été connue que trois mois plus tard à Paris et un an après en province. De nos jours, en une fraction de seconde, une telle information ferait le tour de la planète. Napoléon III pour sa part dut son élection à l'ignorance des masses qui crurent au retour de Napoléon Ier. Plus qu'une évolution, la communication politique n'a-t-elle pas effectué sa révolution ?

« Communiquer, est-ce nécessairement dialoguer ? »

Par quels indicateurs l'émetteur peut-il savoir si son message a été compris par le récepteur ? La polysémie des termes, la subjectivité du récepteur, ses préjugés peuvent avoir transformé le message. Ainsi, lorsqu'il communique, l'émetteur n'est certain que de son intention. Il ne maîtrise pas la bonne réception du message. L'émetteur ne pourra vérifier la bonne réception de son message que si le récepteur se transforme à son tour en émetteur. Le dialogue naît de cet échange. Est-ce que communiquer à des masses, haranguer des foules, exclut le dialogue ?

Citations utiles

« *L'amitié se nourrit de communication.* » Montaigne. Extrait des Essais.

« *Il ne peut y avoir de totalité de la communication. Or la communication serait la vérité si elle était totale.* » Paul Ricœur.

« *Dans la communication, le plus compliqué n'est ni le message, ni la technique, mais le récepteur.* » Dominique Wolton.

« *La communication requiert 25 % du temps du dirigeant.* » Chester Barnard.

« *L'incommunicabilité ? C'est pas qu'on ne communique pas assez. On communique trop et mal.* » Robert Lalonde. Extrait de La belle épouvante.

L'essentiel d'un livre
Les nouveaux chiens de garde

Les nouveaux chiens de garde, Serge Halimi, Liber-Raisons d'agir, 1997

Dans cette même collection, Pierre Bourdieu avait déjà publié Sur la télévision en 1996. Son complice édite ici un essai dénonçant d'une part les connivences entre politiques et journalistes qui nuisent à la vérité journalistique et d'autre part les salaires mirobolants de quelques vedettes télévisées, qui contrastent avec la précarité des collègues pigistes notamment.
Serge Halimi s'interroge en particulier sur la responsabilité des journalistes qui n'ont jamais à répondre de leur parole alors qu'ils influencent l'opinion publique. Lui-même journaliste, l'auteur tente de démontrer que des journalistes tels que C. Ockrent ou P.P. d'Arvor sont partisans, prennent position et jugent les hommes politiques.

Lire également : L'opinion ça se travaille, Serge Halimi, Dominique Vidal, éditions Agone.

La communication en sémiologie

La sémiologie étudie la communication comme une information émise par un émetteur et reçue par un récepteur. Lorsque l'information émise est altérée, on parle de « bruit » qui empêche la transmission d'une information exacte.

ÉMETTEUR ——————▶ BRUIT ——————▶ RÉCEPTEUR
Émission d'une   réception d'une
Information pure   information altérée
                                                    par le bruit

« Effet de cliquet »

Cette expression a été inventée par l'économiste américain James DUESENBERRY (né en 1918) et désigne aujourd'hui qu'un retour vers une situation antérieure est impossible. J. Duesenberry faisait ainsi remarquer que si le revenu des ménages augmentait, leur consommation augmentait également. En revanche, lorsque le revenu diminue, la diminution de la consommation ne s'opère pas immédiatement.

La recherche en France

Étymologie/Définition/Histoire

La recherche consiste en un effort pour connaître, découvrir et trouver.

Sujet proposé

Innover c'est se positionner sur un marché encore non concurrentiel et mono-polistique en attendant le rattrapage des autres entreprises.

L'effort de la recherche depuis 1995 a augmenté de 5,7 % par an aux États-Unis, de 3,4 % dans l'ensemble de l'Union Européenne contre 1 % en France. Où en est la recherche en France ? Quelles mesures la France doit-elle prendre ?

Problématique proposée

Nous observerons quels sont les symptômes du mal dont souffre la recherche avant d'en faire le diagnostic.

Les chercheurs ont signé une pétition « sauvons la recherche » le 7 janvier 2004 pour s'opposer aux restrictions budgétaires. Ils réclamaient le rétablissement de 550 postes statutaires correspondant à 200 postes de chercheurs et 350 postes d'ingénieurs ou techniciens supprimés en 2004 et remplacés par des CDD. Ils réclamaient par ailleurs la création de postes d'enseignants-chercheurs dans les universités.

À ce sujet, la Cour des comptes a pointé du doigt l'âge moyen des équipes de recherche qui reste le plus élevé de l'Union européenne. Or, des départs massifs à la retraite sont prévus pour 2010.

Pourtant, le nombre de postes offerts aux docteurs diminue. Pour l'INSERM ce chiffre est passé de 95 postes en 2002 à seulement 30 postes en 2004. Or, entre 2005 et 2012 cinquante pour cent des chercheurs quitteront leurs fonctions, il faut donc préparer la relève.

De nombreux rapports ont établi un diagnostic de la recherche en France.

Selon le rapport Belloc, l'évaluation des enseignants-chercheurs devrait conduire ceux-ci à une décharge d'enseignement. Le rapport distingue la certification standard ou intensive de la certification supérieure correspondant à 64 ou 96 heures équivalent TD. Le rapport Belloc propose de maintenir les heures complémentaires et de supprimer les primes alors que certaines associations comme QSF[1] souhaitent maintenir les primes (administratives par exemple pour un directeur d'UFR) et supprimer les heures complémentaires.

Aux États-Unis, la recherche est financée sur projet tandis qu'en Europe celle-ci est financée d'après ses résultats passés. C'est pourquoi l'IGF (inspection générale des finances) a critiqué la logique de reconduction systématique des crédits de recherche dans la plupart des EPST, sans évaluation des projets ni même évaluation des résultats passés. La Cour des comptes, dans un rapport rendu public jeudi 13 octobre 2005, critique l'organisation des universités en matière de recherche suggère une plus grande autonomie. Les universités françaises ou EPSCP remplissent un rôle croissant dans la recherche mais souffrent selon ce rapport d'une organisation peu satisfaisante. La Cour des Comptes suggère une série de réformes pour améliorer des résultats jugés médiocres et répondre aux demandes des chercheurs.

Conclusion

En dernière analyse, nous devrions modifier le statut des chercheurs. Il faut rendre attractifs les postes d'enseignants chercheurs en début de carrière.

---

1. Qualité de la science française.

Nous devrions également développer le financement public et privé de la recherche. Il faut développer les liens entre la recherche universitaire et les organismes de recherche. Il faut diversifier les sources de financement de la recherche publique et privée. Nous devons par ailleurs procéder à une meilleure évaluation de la recherche. Il faut que des instances indépendantes évaluent la recherche et évaluer les structures de recherche publiques. À cet effet, le Pacte pour la recherche a mis en place le Haut Conseil de la science et de la technologie (HCST.) qui est placé auprès du Président de la République. Cette structure encadre l'ANR[2], l'AER[3] et l'AII[4]. Enfin, la France doit être plus présente dans la recherche européenne. La Cour des Comptes dans son rapport de 2003 sur le ministère de la Recherche, publié le 4 février 2004 dénonça la trop faible participation de la France aux réseaux d'excellence européens et aux programmes cadres de recherche et de développement (PCRD) qui fixent de plus en plus les orientations des équipes de recherche en Europe.

Bibliographie : Stephen Hawking[5], <u>Une brève histoire du temps</u>, Collection J'ai lu, Édition Poche, 2000.

Sujets voisins et leurs problématiques

« Une politique scientifique vous paraît-elle fondamentale pour l'avenir des sociétés industrialisées occidentales ? »
Joseph Schumpeter impute la croissance à l'innovation. Dans un marché concurrentiel, le profit des entrepreneurs est d'autant plus important qu'il se trouve en situation de monopole. Or, pour éliminer toute concurrence immédiate, une société doit détenir une position favorable dans sa branche. En définitive, c'est la recherche qui génère la croissance. Or, l'Occident n'est plus seul dans sa course à l'innovation, il doit faire face au géant asiatique qui s'est lancé depuis longtemps dans la technologie de pointe. L'Amérique du Nord et l'Europe n'auraient-elles pas intérêt à unir leurs recherches plutôt que de s'affronter ?

---

2. Agence nationale de la Recherche qui attribue des crédits sur projets.

3. Agence d'évaluation de la recherche, évalue les organismes, les universités et équipes de recherche.

4. L'Agence de l'innovation industrielle finance des projets de recherche à fort potentiel industriel pour des équipes publiques, PME et de grandes entreprises.

5. Physicien britannique né à Oxford en 1942.

Concours externe ENA, 2004 : « La République peut-elle encore faire confiance au progrès pour rester fidèle à elle-même ? »

La République se distingue des autres modèles politiques par les procédures électorales et notamment l'élection du chef de l'État, mais aussi par la séparation des trois pouvoirs. Ces derniers se contrôlent mutuellement en vue d'assurer un gouvernement démocratique. Elle a pu s'appuyer sur le progrès en vue d'améliorer les conditions de vie de ses concitoyens. Depuis le siècle des Lumières, le progrès est perçu comme une valeur indissociable de l'idée du bonheur. Il a permis d'améliorer les conditions de travail dans notre société et d'allonger notre espérance de vie. Mais aujourd'hui, les remises en cause du progrès sont nombreuses : les catastrophes écologiques, les cracks boursiers, l'insécurité alimentaire et la course à l'armement ne nous incitent-ils pas à moins de positivisme ?

Citations utiles

« Les idéologies, les théories, les religions, les sciences nous ont toujours bercés d'espérance tant qu'elles remplissaient une fonction critique : elles ont toujours été atroces quand elles ont obtenu le pouvoir. Lucides et généreuses tout d'abord, implacables après. Cette loi n'a pas d'exception. » Michel Serres, <u>Hermès V : Le passage du Nord-Ouest</u>, 1980.

« Science sans conscience n'est que ruine de l'âme », François Rabelais, extrait de <u>Pantagruel</u>.

« Vous savez ce que c'est que la recherche : on part sur une question et on trouve en cours de route des faits qui vous en posent une autre. » Philippe Meyer, extrait de <u>Les progrès du progrès</u>.

« La science ne peut prouver que Dieu n'existe pas car il y a quelque chose qui lui échappe par nature. » Emmanuel Kant.

« Sans progrès il n'y a pas de paix possible. Sans paix, il n'y a pas de progrès possible. » Kofi Annan.

Les zones d'éducation prioritaires (ZEP)

Étymologie/Définition/Histoire

Dès son arrivée au ministère de l'Éducation nationale, M. Savary chargea cinq spécialistes de conduire des missions destinées à réformer le système éducatif. Plusieurs rapports furent produits dont un proposant de renforcer l'action éducative dans les zones géographiques concentrant le plus de difficultés.

Sujet proposé

Les ZEP conçoivent l'éducation dans sa globalité et tiennent comptent de l'origine sociale comme du contexte familial de l'élève. Quels sont les enjeux économiques, sociaux et politiques des ZEP ? Pour quels résultats ?

Problématique proposée

Nous allons voir dans un premier temps quels sont les enjeux des ZEP.

Le Ministère de l'Éducation nationale a mis en place en 1982 deux types d'indicateurs pour identifier ce qu'il appelle des « zones d'éducation prioritaires » (ZEP). Les premiers critères retenus sont d'ordres statistiques. Il s'agit du taux de préscolarisation, des retards en 5e, du rapport entre le nombre d'élèves de 3e et le nombre d'élèves de 6e, de l'importance des CPPN et des CPA, du nombre d'étrangers non francophones, du nombre de jeunes sortis du système éducatif sans aucun diplôme. Les seconds critères sont d'ordre socio-économique et culturel. L'administration mesure alors la situation des familles, le taux de chômage, la qualité de l'habitat, l'état des services collectifs, le niveau de formation de la population, etc.

C'est avant tout par souci de justice sociale que l'Éducation nationale a souhaité sortir les jeunes d'une spirale : un milieu social défavorisé (première désocialisation) qui conduit les enfants de ces zones à l'échec scolaire (seconde désocialisation) puis à une insertion professionnelle et sociale difficile. On a constaté que le taux de chômage varie selon les catégories sociales autrement dit la précarité s'hérite. D'après une enquête récente sur l'emploi de l'INSEE, le taux de chômage des ouvriers avoisine 11,5 % tandis que celui des cadres stagne à environ 4 %. Or, le diplôme devrait permettre à un fils d'ouvrier de devenir cadre ou de s'élever à une profession intellectuelle supérieure. En France, l'école peut permettre cette mobilité sociale. Plus de 14 % des non diplômés sont au chômage contre environ 6 % des titulaires d'un diplôme du cycle supérieur. Certes, le diplôme ne protège plus contre le chômage mais pour les diplômés du supérieur cette période de « galère » demeure transitoire. La qualification reste en définitive une bonne protection contre la précarité. Sur le plan politique, la réforme du système éducatif pourrait conduire à terme à une réforme de l'élite. La mobilité sociale devrait pouvoir hisser en haut de la hiérarchie du pouvoir (définition de l'élite selon Raymond Aron) des individus d'origine sociale diversifiée. Sur le plan économique enfin, une France intelligente aujourd'hui doit amener plus de richesses demain. Un chercheur par exemple permet à son pays d'inventer puis d'innover. Or, selon Schumpeter l'innovation conduit à la croissance économique.

Il est temps cependant de dresser le bilan de ces zones d'éducation prioritaires.

Pratiquement, les recteurs ont consulté les élus locaux, les conseillers régionaux, les chambres de commerce et de métier, les représentants de tous les ministères, les parents d'élèves, les chefs d'établissement et les enseignants. Ils ont ensuite pu définir les zones prioritaires. Les ZEP comprenaient alors les écoles, collèges et LEP. Dans ces zones, tous les moyens scolaires ont été mis en œuvre (financiers, matériels, pédagogiques) mais aussi extra-scolaires auprès des parents (alphabétisation, promotion sociale, initiation professionnelle) pour aider *in fine* les enfants à mieux réussir leur parcours. Depuis la rentrée 1982, un ensemble de projets cohérents, réapproprié par tous les acteurs, entoure les jeunes pour les suivre dans leur scolarité. En 1989, les ZEP ont été redéfinies et les liens entre le ministère de l'Éducation nationale, les collectivités locales ainsi que les partenaires ont été renforcés. Ces mesures démontrent la continuité du projet. Les projets éducatifs retenus font désormais l'objet d'un contrat, d'une durée de 3 ans, entre toutes les parties prenantes. Actuellement, la France compte 554 ZEP.

Les ZEP apparaissent comme un projet global dans la mesure où la collectivité locale concernée (commune pour les écoles, département pour les collèges et région pour les lycées) prend en charge les actions prévues. Cette nouvelle approche éducative amène désormais près de 80 % d'une classe d'âge au bac, faisant reculer l'échec scolaire. La loi d'orientation sur l'éducation du 10 juillet 1989 a fixé pour objectif d'amener tous les élèves au moins au niveau de la 3e (BEP, CAP). Des dispositifs ont été mis en place pour les élèves en difficulté. Ainsi, dans les collèges choisis par l'IA-DSDEN (inspecteur d'Académie, directeur des services départementaux de l'Éducation nationale), des classes à effectif réduit d'aide et de soutien regroupent 15 à 20 élèves et mobilisent 5 à 6 enseignants volontaires et expérimentés.

Conclusion

Régis Debray dans <u>Contretemps</u> souligne la différence entre la démocratie (américaine) et la République (française). Tandis que la démocratie mettra toujours en avant les différences communautaires, notre République est « transcommunautaire ». L'École y joue un rôle central. Aujourd'hui en France, 60 000 élèves quittent encore l'école sans diplôme avec toutes les incertitudes professionnelles que cela entraîne pour le jeune. Le système éducatif doit poursuivre ses efforts en ce sens. La formation des élites aussi se réforme et l'Institut d'Études Politiques de Paris admet désormais sur dossier certains étudiants issus de ZEP. Peut-être faudrait-il aussi réformer les méthodes pédagogiques, trop théoriques et prendre pour exemple l'école fondée par Georges Charpak, « la Main à la pâte ».

Bibliographie : F. HUSSAIN-HASSO, <u>Prof dans une ZEP ordinaire</u>, Éditions Serpents à Plumes 2006 ; Jean-Michel JARVIS <u>ZEP</u>, Éditions du cercle, 2005.

Sujets voisins et leurs problématiques

« Est-il juste de dire que le système éducatif français a échoué ? »

Le système éducatif français, à travers les diverses lois qui le régissent, se soumet à de multiples exigences comme celles de transmettre les savoirs, rétablir la justice sociale, donner à chacun la capacité de s'insérer et de se situer dans la société, s'impliquer dans la vie économique locale. Face au chômage des jeunes diplômés, il est aisé de suggérer que le système éducatif français a échoué. N'impute-t-on pas à tort à l'Éducation nationale un phénomène de société qui la dépasse ? Ne réduit-on pas trop vite les missions de l'enseignement à celui de la formation des travailleurs ?

« La France est-elle en train de brader ses diplômes ? »

Ce sont des raisons sociales tout à fait louables qui ont manifestement causé l'abaissement du niveau de l'enseignement du primaire jusqu'au supérieur. En effet, l'objectif visant à atteindre quatre-vingts pour cent de bacheliers et à diminuer le nombre d'enfants quittant l'école sans diplôme a été atteint. Il s'agit d'une avancée démocratique mais, pour certains, il s'agit également d'un recul pédagogique. Le système éducatif français essaie d'allier l'exigence de justice sociale avec celle de la qualité de l'enseignement. La France n'est-elle pas en train de niveler son enseignement par le bas ?

Citations utiles

« L'intégration c'est l'exact inverse de l'exclusion. » Claude Allègre, extrait d'un discours au colloque sur l'école au XXIᵉ siècle, janvier 1999.

« Celui qui ouvre la porte d'une école ferme celle d'une prison. » Victor Hugo.

« De l'éducation de son peuple dépend le destin d'un pays. » Benjamin Disraeli.

« Nous devons penser l'éducation comme un moyen de développer nos plus grandes capacités. » J.-F. Kennedy.

« Étudie, non pour savoir plus, mais pour savoir mieux. » Sénèque.

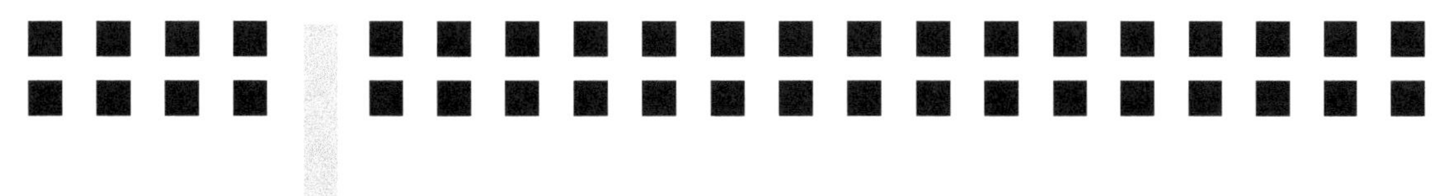

Questions sociales

Le retour des inégalités

Étymologie/Définition/Histoire

Du latin *inequalis* : écart, irrégularité.

Sujet proposé

Francis Fukuyama dans <u>La Fin de l'Histoire</u> considéra que la démocratie avait gagné la planète avec la chute de l'empire soviétique. Les inégalités ont-elles vraiment disparu des démocraties occidentales ?

Problématique proposée

En Occident, les inégalités subsistent.

Les penseurs : Jean Bodin prôna l'absolutisme au XVIe siècle suite aux troubles religieux de cette époque. La théorie du droit divin vint par la suite fortifier celle de la monarchie absolue. Elle signifie que le roi tient directement son pouvoir de Dieu et reste irresponsable devant les hommes. Pour Hobbes, l'état de nature est un état d'anarchie (« l'homme est un loup pour l'homme »). Pour échapper à la guerre, les hommes ont concédé d'eux-mêmes le pouvoir au plus fort.

Les types d'inégalités contemporaines : L'inégalité de revenu se reflète dans les CSP (catégories socioprofessionnelles) et détermine le niveau de vie des ménages. La consommation s'en ressent. Ainsi, les ouvriers ont une norme de consommation caractérisée par une importance relative des dépenses alimentaires (ouvriers : environ 20 % de leur budget consacré à l'alimentation contre 14 % pour les cadres). Les paysans, artisans et commerçants dépensent plus que les autres CSP dans l'équipement du logement. Enfin, les cadres investissent surtout dans la culture et le loisir. L'inégalité sociale a été analysée par Pierre Bourdieu et s'appréhende à travers le réseau des relations, l'éducation et la maîtrise du langage. Pour Pierre Bourdieu, le déterminisme social persiste, c'est-à-dire que la mobilité sociale individuelle reste occasionnelle (<u>les héritiers</u> 1964, <u>la reproduction</u> 1970).

Pourtant, malgré la persistante des inégalités, force est de constater que l'écart entre les classes a diminué.

Saint Thomas d'Aquin (1225-1274) redécouvrit Aristote. L'homme étant un animal social et politique, le but de toute société réside dans le bien commun. Il se prononça comme Aristote en faveur d'un régime mixte combinant monarchie, aristocratie et démocratie, en vue d'une paix sociale. La théorie du droit populaire et du contrat social fut défendue par les monarchomaques puis, au XVIe siècle par les théoriciens du droit naturel dont le jésuite Suarez (meurt en 1617) qui soutint le droit à la résistance. Rousseau enfin trouva l'égalité dans l'état de nature. Pour lui, l'inégalité est structurelle et engendrée par l'organisation sociale. Il inspira la DDHC[1] de 1789.

L'école devint l'ascenseur social de la France au XXe siècle. Les classes moyennes ont investi dans le diplôme de leurs enfants. Seulement 13 % des élèves sont sortis sans diplôme en 2003 contre 28 % en 1980. Or, le diplôme protège contre le chômage. Une enquête sur l'emploi de l'INSEE en 2002 a révélé que 3,8 % des cadres étaient au chômage contre 11,4 % des ouvriers.

Conclusion

Les avancées démocratiques sont effectives en matière d'égalité de suffrage. Mais on pourrait aussi parler de nouvelles féodalités au vu de l'organisation politique des démocraties occidentales (voir DÉMOCRATIE).

---

1. Déclaration des droits de l'Homme et du Citoyen

Bibliographie : J.-J. ROUSSEAU, <u>Discours sur l'origine et les fondements de l'inégalité parmi les hommes</u>, Éditions Nathan 2005.

Sujets voisins et leurs problématiques

« Les « marginaux » dans la société contemporaine. »

La société contemporaine est censée offrir à ses concitoyens la sécurité (travail, logement). Or partout, on constate la persistance de la mendicité ou d'individus ayant choisi délibérément la marginalité. La société pourra-t-elle et doit-elle venir à bout de cette marginalité ?

« L'argent »

La monnaie a permis le passage du troc à une évaluation stable des biens échangés. De la Grèce antique à nos jours, l'homme a toujours convoité la richesse. Cependant dans l'antiquité, d'autres valeurs, plus intellectuelles, primaient sur la richesse. À la Renaissance, l'honnête homme était un être de raison, alors que de nos jours on peut se demander si ce n'est pas l'argent qui fait l'homme.

Citations utiles

« *Il n'y a de société vivante que celle qui est animée par l'inégalité et l'injustice.* » Paul Claudel. Extrait des <u>Conversations dans le Loir-et-Cher</u>.

« *La naissance est le lieu de l'inégalité. L'égalité prend sa revanche avec l'approche de la mort.* » Jean d'Ormesson. Extrait de <u>Voyez comme on danse</u>.

« *L'égalité des chances, c'est la chance de prouver l'inégalité des talents.* » Sir Herbert Samuel.

« *L'inégalité, c'est le risque permanent du mépris.* » René Lévesque.

« *Le socialisme ! Quelle lubie ! La nature s'est chargée de régler son cas en prodiguant partout des inégalités.* » Jean-Charles Harvey. Extrait de <u>Marcel Faure</u>.

Monarchomaques

À la fin du XVIe siècle, les monarchomaques furent unis par la foi calviniste et opposés à la tyrannie. Ils ne constituent pas cependant une doctrine cohérente. Théodore de Bèze notamment professa à Genève, avant de le publier en 1575, le traité <u>Du droit des magistrats sur leurs sujets</u>.

Discrimination et égalité

Étymologie/Définition/Histoire

Vient du latin : *discriminare* (séparer), action de distinguer les choses, de les séparer. On aura immédiatement tendance à se remémorer le titre de l'ouvrage de Pierre Bourdieu, <u>De la distinction</u>.

Sujet proposé

Peut-il y avoir des discriminations au sein des démocraties ? L'égalité, inscrite au sein de la constitution de 1958, tolère-t-elle les discriminations ? Celle-ci ne transforme-t-elle pas l'égalité en égalitarisme ? Peut-il y avoir une discrimination positive ?

Problématique proposée

La discrimination a longtemps été vécue comme négative.

En sociologie, la discrimination désigne la distinction qui peut être faite dans la vie sociale aux dépens d'un certain groupe. Elle se rapproche alors de l'idée de racisme et implique une séparation. Tous les moyens ont été bons dans l'histoire pour séparer des groupes sociaux. Ainsi, des « litteracy tests » aux États-Unis ont retiré leur droit de vote de façon détournée aux afro-américains. En Afrique du Sud, le régime de l'Apartheid sépara la population noire de la population blanche, jusqu'à l'arrivée de Nelson Mandela au pouvoir. La discrimination est un concept moderne, apparu avec une société qui met l'égalité au centre de ses valeurs.

La construction de la République française s'est appuyée sur le déni de toute discrimination. L'article 2 de la constitution du 4 octobre 1958 dispose que la République « assure l'égalité de tous… sans distinction d'origine, de race ou de religion ». La pensée des Lumières trouve ici toute son expression. Il n'existe pas de catégorie humaine et, au sein d'une nation, il n'existe que des Français et non pas de « beurs » ou de français « d'origine » algérienne. Aussi, la France pratique-t-elle l'assimilation c'est-à-dire la négation par le groupe national de l'existence d'une partie distincte.

Mais la discrimination peut être synonyme de justice sociale.

Discrimination prend un sens positif en 1961 avec l'avènement de l'« affirmative action » qui instaura un système de quotas de population noire dans les universités et dans les administrations. L'idée est la suivante : puisqu'il existe une inégalité sociale engendrée par la discrimination raciale, ces inégalités doivent être compensées de façon arithmétique. En France ce concept a été adopté de façon avant-gardiste par l'Institut d'Études Politiques de Paris. Sciences Po admet désormais en première année de l'IEP. des étudiants sur dossier, non pas parce qu'ils appartiennent à une minorité ethnique comme aux États-Unis mais parce qu'ils s'avèrent économiquement défavorisés. L'Institut répare ici les défaillances en amont du système éducatif français.

Les femmes ont également bénéficié d'une discrimination positive. Le raisonnement reste le même que celui tenu pour *l'affirmative action* à savoir que la loi doit réparer arbitrairement l'inégalité numérique entre les hommes et les femmes en politique (loi du 6 juin 2000). Le Conseil constitutionnel ayant invalidé à deux reprises ce projet (Quotas par sexe, CC 1982 et 1999), il fallut au préalable modifier la Constitution de 1958 par la loi constitutionnelle du 8 juillet 1999.

Conclusion

Il existe une limite au discours sur la discrimination sociale. Il s'agit de l'élite. Toute société se construit autour d'une élite (sociale, politique, économique) qui, comme l'a démontré P. Bourdieu, organise sa propre reproduction. De ce fait, la discrimination concerne autant la femme, le pauvre que les immigrés. La discrimination se comprend alors comme un système organisé qui sert de ressort aux sociétés y compris aux démocraties occidentales. Qu'en est-il des inégalités envers les femmes ? (voir FEMME).

Bibliographie : Claude Lévi-Strauss, <u>Race et Histoire</u>, Éditions Albin Michel 2002 ; Jean Gicquel, <u>Droit Constitutionnel et institutions politiques</u>, Éditions Montchrestien, 1991 ; Alain Finkielkraut, <u>La défaite de la pensée</u>, Éd. Gallimard 1987 ; Hannah ARENDT <u>Le système totalitaire</u>, Éditions du Seuil, 1972.

Sujets voisins et leurs problématiques

« Le racisme dans le monde actuel »

L'Histoire est peuplée d'actes racistes depuis les croisades jusqu'à l'esclavage en passant par l'extermination des Indiens par les envahisseurs espagnols. Les génocides et crimes contre l'Humanité se définissent comme la volonté d'exterminer une ethnie, une race, une religion, à cette différence près nous dit Primo Lévi, qu'il est possible de renier son dieu et de se convertir mais on ne peut pas échapper à son ethnie. Et pourtant, les scientifiques ont démontré à la fin du XXᵉ siècle qu'il n'existait pas de races humaines. Il n'existe qu'une seule et même espèce humaine. Aussi le racisme d'aujourd'hui diffère du racisme d'hier en ce qu'il doit s'opposer à la communauté scientifique. Le racisme dans le monde actuel ne fait-il pas figure d'obscurantisme ?

« La liberté et l'égalité vous paraissent-elles compatibles dans le monde actuel ? »

Benjamin Constant relève ce qui distingue la liberté des anciens de celle de ses contemporains. La liberté au XIXᵉ siècle diffère de la liberté politique dans la Grèce antique en cela qu'elle concerne la sphère privée et non pas la sphère publique. Or, dans un même ordre d'idée, l'égalité pour sa part concerne la sphère publique car elle n'existe que par comparaison avec les autres concitoyens. La liberté s'entend comme la primauté de l'individu sur la communauté et la politique, l'égalité au contraire s'entend comme la prépondérance d'un choix politique sur le choix individuel. Vouloir imposer l'égalité au détriment des intérêts privés n'est-ce pas un nouveau despotisme ? L'inverse ne conduirait-il pas à l'anarchisme ?

Citations utiles

« *Tant que la philosophie qui maintient une race supérieure et une race inférieure ne sera pas discréditée et abandonnée... il y aura la guerre !* » Haile Selassie. Extrait du <u>Discours aux Nations Unies</u>.

« *Les fascistes, au fond, croient toujours à la race de celui qui commande.* » André Malraux. Extrait de <u>L'espoir</u>.

« *Il a fallu cent ans pour effacer les discriminations les plus criantes entre les hommes et les femmes, mais qu'attend-on pour abroger celles qui restent ?* » Benoîte Groult. Extrait de <u>Ainsi soit-elle</u>.

« *Le plus grand malheur du siècle, c'est la discrimination dont le bonheur fait preuve.* » Julien Féret.

« *Les droits doivent être identiques pour les hommes de différentes races, de différents peuples, ils doivent être pareils pour les deux sexes et pour les différentes religions.* » Vaclav Havel. Extrait des <u>Méditations d'été</u>.

L'essentiel sur un auteur
Pierre BOURDIEU (1930-2002)

Né à Pau le 1er août 1930, Pierre Bourdieu apparaît comme l'une des figures marquantes de la sociologie française contemporaine. Pierre Bourdieu est normalien et agrégé de philosophie avant de se voir confier en 1982 une chaire de Professeur au Collège de France. Toute son œuvre vise à mettre à nu nos institutions culturelles comme le système éducatif (<u>Les héritiers</u> 1966 et <u>la Reproduction</u> 1970), la culture artistique (<u>La distinction</u> 1979), l'usage de la langue française (<u>Ce que parler veut dire</u> 1982) et la formation de nos élites (<u>La noblesse d'État</u> 1989).

En 1996, il publia <u>Sur la télévision</u> où il somme les spécialistes invités sur des « plateaux télévisés » à fixer leurs exigences. Il leur conseille de fixer au préalable le temps de parole qui leur est imparti et de refuser d'être interrompus pendant leur intervention.

Pierre Bourdieu est décédé le 23 janvier 2002. Son œuvre peut se résumer en reprenant le titre du reportage de Pierre Karl : « *La sociologie est un sport de combat* ».

■ Actualité

Une politique des quotas pour l'immigration
en France, juin 2005

En France, deux approches de l'immigration s'opposent. La première offre l'hospitalité aux réfugiés politiques et favorise le rapprochement familial, la seconde, défendue par M. Sarkozy, s'oriente vers une sélection qualitative des immigrés. C'est la politique des quotas selon le modèle américain.

Si la politique des quotas est bien perçue à droite, elle divise au contraire le PS qui ne souhaite pas hiérarchiser les « bons » et les « mauvais » immigrants.

La femme et la vie moderne

Étymologie/Définition/Histoire

L'histoire des femmes apporte un éclairage intéressant aux questions d'actualité. Durant l'antiquité gréco-romaine, les femmes avaient le statut d'esclave. L'intelligence restait l'apanage des hommes tandis que les femmes n'avaient qu'une fonction essentiellement reproductive. Comme le rappelle Michel FOUCAULT dans l'Histoire de la Sexualité, il fallut attendre le christianisme aux alentours du IIIe siècle après J.-C. pour que la femme gagne une place privilégiée au sein du couple.

Sujet proposé

Le féminisme naquit au XIXe siècle de la contradiction entre l'idéal révolutionnaire d'égalité et la marginalisation de la femme dans les affaires de la cité. L'égalité homme-femme est-elle réalisée ?

Longtemps, la femme n'a trouvé de légitimité que dans la maternité. Depuis l'Antiquité, la femme est enfermée dans l'enceinte de la cité. Elle est sédentaire et repliée sur le foyer familial tandis que l'homme, chasseur, se tourne vers l'extérieur. L'organisation traditionnelle des sociétés répartit ainsi des rôles selon les sexes. Nous pouvons relever que durant le Moyen Âge, l'obscurantisme a favorisé une « chasse aux sorcières » qui a causé la mort d'environ 5 millions de femmes. Aujourd'hui en Chine, il manque environ 60 millions de femmes à cause de la politique de l'enfant unique (euthanasie, rapt de femmes vietnamiennes dans les zones frontalières).

Dans <u>XY</u>, E. BADINTER tente de démontrer, à la suite de Marguerite Yourcenar, que c'est la poupée qui fait la femme et non l'inverse. Cette thèse est prolongée dans <u>L'amour en plus</u> où l'auteure nie l'idée d'instinct maternel pour y substituer celui du désir de l'enfant. La femme, pas plus que l'homme, n'est destinée à être mère. Elle le désire. Mais le contrôle de ce désir n'a été rendu possible qu'en 1965, date du vote de la loi autorisant la pilule. La loi Aubry de 2001 a permis l'allongement du délai légal de l'avortement mais le décret d'application n'est entré en vigueur qu'en 2004. Par ailleurs, de nombreuses statistiques, dont celle de l'INSEE (1991) ont démontré la persistance de rôles sexuels et d'une division du travail domestique.

Au fil des siècles, la femme s'est affirmée en tant qu'individu.
C'est le travail qui a émancipé la femme et l'a sortie, au cours de la première guerre mondiale, du foyer. Son rôle économique eut des répercussions sur ses droits politiques. Ainsi, pendant la Première Guerre mondiale, les femmes ayant pris la place des hommes dans les usines et les bureaux réclamèrent le droit de vote. Celui-ci leur fut accordé aux États-Unis en 1920 et en France en 1944.

La pensée contemporaine, à l'aube du XXIe siècle a remédié à l'inégalité numérique des femmes en politique en modifiant la constitution (loi constitutionnelle du 8 juillet 1999). Le Conseil Constitutionnel, dans sa décision du 30 mai 2000, précise que la parité peut être atteinte soit par des mesures contraignantes soit par des mesures à caractère incitatif. Pour les élections municipales, la parité reste obligatoire (47,5 % de femmes dans les conseils municipaux en 2001) tandis que pour les élections législatives la parité demeure facultative contre paiement de sanctions financières (la proportion des femmes est passée de 10,9 % à seulement 11,78 % soit 68 femmes ont été élues à l'Assemblée Nationale en juin 2002).

Conclusion

La femme peut cumuler plusieurs « handicaps ». Ainsi, le profil-type du chômeur est une femme, jeune, non-diplômée. (voir INÉGALITES)

Bibliographie : Michel FOUCAULT, <u>Histoire de la sexualité</u>, éditions Gallimard 1984 ; Elizabeth BADINTER, <u>XY</u>, éditions Odile Jacob 1992 et <u>L'un est l'autre</u>, éditions Odile Jacob 1986.

Sujets voisins et leurs problématiques

« L'accueil de l'enfant dans la société française d'aujourd'hui. »

Depuis la fin du XVIIIe siècle, la femme française contrôle ses naissances. Le taux de natalité est passé de 2,3 enfant dans les années 1980 à 1,9 enfant en 2005. On a donc assisté à un recul, en plus de deux siècles, de la famille nombreuse. Les parents modernes préfèrent se consacrer à la réussite d'un ou deux enfants grand maximum. Depuis que la femme a quitté le foyer pour travailler, que l'homme a obtenu le droit au congé parental, l'accueil de l'enfant s'est métamorphosé. Quels sont les aspects positifs et négatifs de cette mutation ? Ces changements vont-ils dans le sens de « l'intérêt de l'enfant » ?

« Le retour de la famille comme valeur en France. »

La famille traditionnelle, fortement hiérarchisée autour de l'autorité du « chef », a cédé la place dans les années 1960 à la famille moderne, unie autour d'un couple de parents amoureux. Mais alors que l'individualisme battait son plein dans les années 1970 (Gilles Lipovetsky, <u>L'ère du vide</u>), le SIDA et le chômage ont incité les jeunes à se tourner vers les valeurs familiales (la fidélité, la solidarité intergénérationnelle) qui assouvissent leur besoin de sécurité. Dans ce contexte, le retour de la famille comme valeur n'est-il que circonstanciel ?

Citations utiles

« Partout dans le monde une femme ne doit pas quitter le lit de son mari même si le mari injurie, frappe et menace la femme. Elle a toujours tort. C'est ça qu'on appelle les droits de la femme. » Ahmadou Kourouma. Extrait d'<u>Allah n'est pas obligé</u>.

« Les femmes libres ne sont pas des femmes. » Colette.

« Femmes, c'est vous qui tenez entre vos mains le salut du monde. » Léon Tolstoï.

« Reine. Femme par qui le royaume est dirigé quand il y a un roi, et à travers qui il est dirigé quand il n'y en a pas. » Ambrose Bierce. Extrait de <u>Le dictionnaire du Diable</u>.

« Les femmes n'ont point de plus grands ennemis que les femmes. » Charles Pinot Duclos. Extrait des <u>Considérations sur les mœurs de ce siècle</u>.

« la femme a le droit de monter à l'échafaud, elle a aussi le droit de monter à la tribune » Olympe de Gouges.

L'essentiel sur un auteur
Michel FOUCAULT (1926-1984)

Né à Poitiers en 1926, Michel Foucault est normalien et agrégé de philosophie. Il connut Althusser à Normale Sup et se dirigea vers la psychologie (<u>Histoire de la folie à l'âge classique</u>, 1961) avant d'orienter sa recherche selon trois directions, le savoir, le pouvoir, le devoir. Il rédigea ainsi <u>Les mots et les choses</u>, 1966, <u>L'archéologie du savoir</u>, 1969, <u>Surveiller et punir</u>, 1975 et <u>l'Histoire de la sexualité</u>, tomes I, II et III (1976-1984).

Le Collège de France créa spécialement pour lui une chaire d'Histoire des systèmes de pensée et le nomma en 1970.

Michel Foucault reste également célèbre pour ses prises de positions politiques en faveur des dissidents soviétiques, des « boat people » vietnamiens, du syndicat polonais <u>Solidarnosc</u>, de la révolution iranienne et de l'Ayatollah Khomeiny.

Michel Foucault mourut prématurément en 1984 du SIDA.

L'essentiel sur une personnalité
Olympe de GOUGES (1748-1793)

On doit à cette femme exceptionnelle à la personnalité révolutionnaire une « déclaration des droits de la femme ». L'article 10 de cette déclaration proclamait que : « Nul ne doit être inquiété pour ses opinions fondamentales ; la femme a le droit de monter à l'échafaud : elle doit également avoir celui de monter à la tribune... ».

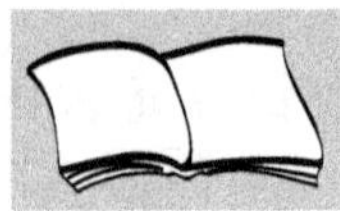

L'essentiel d'un livre
Le souci de soi

Le souci de soi, Michel Foucault, Histoire de la sexualité III

De la même façon que Nietzsche effectua une généalogie de la morale, M. Foucault entreprit une généalogie de la sexualité qui resta une œuvre inachevée. Dans ce troisième volume de l'Histoire de la sexualité, le philosophe essaie d'éclairer l'individualisme contemporain par l'art du gouvernement de soi-même tel qu'on le pratiquait durant l'Antiquité.

Inauguré par Socrate (« Connais-toi toi-même »), le souci de soi atteint son paroxysme avec les stoïciens dans la Rome impériale. Les anciens façonnaient leur propre vie de façon à allier le beau et le bien. L'accès à la vertu ne supposait pas le renoncement à soi mais au contraire présupposait la culture et la connaissance de sa propre individualité. La morale grecque classique notamment affirmait que l'individu rendait service à la cité en se souciant de soi et elle ne tentait pas de normaliser les comportements.

Il fallut attendre le début de l'ère chrétienne pour que l'éthique de la liberté hellénique se transforme en éthique de la discipline. Cette éthique chrétienne se distingue par ce qu'elle se fixe sur les questions sexuelles et souhaite contrôler l'usage des plaisirs. Progressivement, un ordre moral va s'imposer à tous avec le développement du christianisme. L'individualisme décline alors au profit de la norme et de l'autorité.

Le vote des femmes

En France, après la Première Guerre mondiale, la Chambre des députés vote à plusieurs reprises en faveur du vote féminin. Mais ses propositions sont six fois repoussées par le Sénat. En 1936 (Blum), trois femmes entrent au gouvernement après la victoire du Front Populaire : Cécile Brunschvicg, Suzanne Lacore, Irène Joliot-Curie. Le droit de vote féminin résulte finalement d'une ordonnance du 21 avril 1944 prise par le Gouvernement provisoire du général de Gaulle, à Alger.

Les premières femmes à voter furent les Corses au XVIe siècle dans les assemblées locales (souveraineté gênoise) et leur droit fut confirmé par la Constitution de Pascal Paoli, en 1755. Puis, ce fut le tour des habitantes du territoire américain du Wyoming, en 1869, suivies par les Néo-Zélandaises en 1893, les Australiennes en 1902, les Finlandaises en 1906 et les Norvégiennes en 1913, les Américaines en 1920 (s'en suivit la prohibition), les Turques en 1924 (Mustafa Kemal Atatürk).

Les suffragettes

En Grande-Bretagne, les revendications féministes prirent une tournure véhémente et parfois dramatique suite à la création du mouvement des « *suffragettes* » par Émeline Pankhurst (45 ans), en 1903.

Elles aboutissent le 28 décembre 1918 à une demi-victoire avec l'octroi du droit de vote aux femmes de plus de 30 ans.

■ Actualités

À Tokyo, les wagons réservés aux femmes font l'unanimité, mai 2005

La surpopulation de Tokyo est connue mais peut-être la promiscuité dans les transports en commun l'est-elle moins. Cette dernière a pourtant atteint un tel degré que de nombreuses femmes se disaient victimes d'attouchements auxquels elles ne pouvaient se soustraire. C'est ainsi qu'en 2004, le nombre de plaintes pour harcèlement dans la capitale nippone s'élevait à 2201, ces infractions ayant lieu le matin entre 7 et 9 heures. Puisque la loi punit les coupables d'une amende de 420 yens, certaines Japonaises en avaient même fait un commerce en faisant chanter dans le métro de faux coupables voulant éviter un scandale.

Pour mettre fin à cette situation, les compagnies de métro et de trains à Tokyo se sont résignées à réserver des wagons aux femmes.

**En mai 2005, au Koweït, les femmes
ont finalement obtenu le droit de vote**

Ce droit a été acquis en même temps que celui d'éligibilité à condition de se conformer aux lois islamistes.

La domination masculine

Étymologie/Définition/Histoire

Y^2 désigne le chromosome porteur du sexe masculin. Élisabeth Badinter dans son essai <u>XY</u> insiste sur le fait que, génétiquement, c'est l'homme qui fait l'homme.

Sujet proposé

Durant les premières semaines de son développement, le fœtus a un sexe indifférencié. Un parallèle peut être ainsi fait entre l'androgynie du fœtus durant les premières semaines de son développement et celle des sociétés occidentales modernes où la différence entre les sexes s'atténue. Les hommes et les femmes par exemple s'habillent et se comportent de la même façon par opposition aux sociétés traditionnelles où l'initiation marque définitivement la séparation entre les deux sexes. Qu'en est-il aujourd'hui de la domination masculine ?

---

2. Pour la petite histoire et quelques questions pièges lors de conversations avec des jurys : il existe en Picardie une commune dont le nom est <u>**Y**</u> et qui comprend 89 habitants, les <u>Yaciens</u>.

Problématique proposée

La domination masculine a pu, longtemps, sembler naturelle.
Une brève histoire de la domination masculine peut être énoncée. Au VIe siècle avant notre ère, les Athéniens donnèrent aux femmes un statut équivalent à celui des esclaves. Michel Foucault, dans le premier volume de son <u>Histoire de la Sexualité</u>, explique qu'il fallut attendre le IIIe siècle de notre ère et l'avènement du Christianisme en Occident pour que la femme trouve dans le couple une place égale à celle de l'homme. À la suite de Marguerite Yourcenar, Élisabeth Badinter remarqua cependant que durant les époques guerrières cependant les sociétés patriarcales s'installèrent et les figures masculines devinrent dominantes (la caste des forgerons, le Dieu Zeus). Par contre, les figures féminines furent chargées de valeurs négatives (Ève, les « chasses aux sorcières »). Partout, en Afrique, en Asie et en Occident la femme servit de monnaie d'échange dans des stratégies de mariage. Cette oppression des femmes passa de façon incontournable par le contrôle de leur sexualité (excisions, ceintures de chasteté).

La différence physique entre l'homme et la femme a longtemps justifié une répartition traditionnelle des tâches. En effet, dès l'adolescence, l'homme peut détenir jusqu'à quarante pour cent de force en plus que la femme. À l'homme le travail pénible, à la femme l'enfantement et la charge d'élever les enfants. Les Athéniens justifiaient l'astreinte des femmes aux tâches ménagères par la croyance en leur infériorité intellectuelle. Cette répartition des tâches n'existe chez aucun autre primate. De nos jours, deux écoles s'opposent sur la faible présence des femmes aux postes de direction dans les entreprises, d'encadrement supérieur ou encore en politique. Les uns estiment que si les femmes n'occupent pas de position dominante dans nos sociétés, c'est qu'elles n'en ont pas les compétences. D'autres, comme le sociologue Pierre Bourdieu, dénoncent des barrières invisibles et culturelles.

La domination masculine semble aujourd'hui plus culturelle que naturelle. La philosophe Élisabeth Badinter, dans <u>L'un est l'autre,</u> relativise cette domination masculine et remet en cause une certaine vision psychanalytique de l'infériorité de la femme. Selon elle, l'homme et la femme ont tout d'abord partagé le pouvoir (époque préhistorique) avant que cette dernière ne soit rabaissée au statut d'objet (Antiquité et Moyen-Âge). Il a existé dans l'histoire de brefs interludes durant lesquels la femme fut l'égale de l'homme. Entre le quatrième et le deuxième millénaire avant Jésus-Christ, l'humanité paraît avoir connu une époque unique d'égalité entre les sexes (en Crète, en Égypte, en Inde). Notons également que dans le Languedoc, à l'époque des troubadours, l'amour courtois plaça la femme au centre de l'initiative amoureuse, renversant ainsi le rapport homme-femme. En littérature, c'est Gustave Flaubert avec <u>Madame Bovary</u> qui s'attarda pour la première fois non pas sur un héros mais une héroïne qui entendait bien prendre son destin en main. La fin de la domination masculine a en définitive véritablement commencé en Occident au XVIIIe siècle avec l'égal accès à l'instruction (Condorcet, Jules Ferry). Il semblerait qu'un mouvement de l'Histoire esquisse désormais la fin de la domination de l'homme au détriment de la femme. En politique, la fin de la domination masculine dut passer par le droit de vote de la femme (début du siècle aux États-Unis, ordonnance du 21 avril 1944 du Général de Gaulle en France). Mais c'est le contrôle de la fécondité qui a marqué le véritable déclin de la domination masculine (1965 en France), achevé par le droit à l'interruption volontaire de grossesse (loi Simone Veil sur l'IVG en 1975 en France).

Des progrès restent cependant à faire. En Irlande du Sud, le droit à l'avortement n'est pas accordé aux jeunes femmes et on dénonce l'exode de nombreuses Françaises en Espagne ou aux Pays-Bas pour avorter au-delà du troisième mois. Au Japon, en 2005, les femmes ont dû être compartimentées dans le métro pour mettre fin aux attouchements sexuels. Au sein de l'Union Européenne, des jeunes filles venues des pays de l'Est, d'Albanie et d'Afrique sont contraintes à l'esclavage sexuel.

Conclusion

En lisant l'essai de Jean Baudrillard, <u>De la séduction</u>, on pourrait penser que certains hommes regrettent l'évolution égalitaire des sociétés modernes. En effet, comment attendre d'un homme qu'il tienne une porte à une femme et d'une femme qu'elle conserve sa féminité (en portant des jupes et non pas des pantalons, des chaussures à talons et non pas des tennis) alors qu'en contrepartie l'un et l'autre se réclament égaux. Notre monde moderne serait-il une catastrophe des sens ? Plus tard, dans <u>Les stratégies fatales</u>, Jean Baudrillard dénonça les « objets fatals », pris dans le même sens que les « femmes fatales ». La société des choses, le monde des objets, l'emporte-t-il sur la société du sens ?

Bibliographie : Jean Baudrillard, <u>De la Séduction</u>, Collection Folio Essais, Éditions Gallimard, 1979.

Sujets voisins et leurs problématiques

« Un pouvoir ou des pouvoirs ? »

On distingue deux formes de pouvoir : le pouvoir moral et le pouvoir partagé. Le pouvoir moral concerne les consciences individuelles qui se sont prescrit leurs propres lois comme, par exemple, la politesse. Le pouvoir partagé concerne par contre le domaine public où chaque citoyen agit pour le bien commun. Dans ce dernier cas, le pouvoir est indivisible. Pourtant, les démocraties républicaines se caractérisent par trois pouvoirs indépendants et on a parlé au XXᵉ siècle de l'émergence d'un « quatrième pouvoir ». Ne s'agit-il pas, en réalité, d'un détournement du pouvoir de tous au profit de quelques-uns ?

« La personnalisation du pouvoir. »

La première légitimité du pouvoir, charismatique, vient de l'obéissance d'autrui qui, de son plein gré, se soumet à l'autorité du chef. Le pouvoir trouve également sa légitimité dans la tradition. Mais aucune de ces deux légitimités du pouvoir ne satisfont la raison car le pouvoir charismatique est dépendant du bon vouloir du sujet soumis et le pouvoir traditionnel ne résiste pas aux remises en question des jeunes générations. Il semble donc plus juste de fonder sa légitimité sur la raison, à savoir : la loi. Dans l'État de droit, celui qui exerce un pouvoir légitime ne « dispose » pas du pouvoir mais participe à l'exercice du pouvoir. Il doit commander abstraitement, indépendamment des particularités propres des individus. La personnalisation du pouvoir n'est-elle pas une façon de détourner le pouvoir ? L'Etat de droit ne doit-il pas lutter contre la personnalisation du pouvoir ?

Citations utiles

« Qui domine les autres est fort. Qui se domine est puissant. » Lao Tseu.
« La violence est une forme de faiblesse. » Dominique Rocheteau.
« La supériorité est toujours odieuse. » Euripide, extrait d'Ion.

« L'homme qui s'adjuge, en vertu de sa supériorité intellectuelle, une plus large part de biens terrestres, perd le droit de maudire l'homme fort qui, aux époques de barbarie, asservissait le faible en vertu de sa supériorité physique. » Louis Blanc, extrait de <u>Organisation du travail</u>.

« Cachez soigneusement votre supériorité de crainte de vous faire des ennemis. » Arthur Schopenhauer.

L'essentiel sur un auteur
Élisabeth BADINTER (1944-)

Fille de Marcel Bleustein-Blanchet, fondateur du groupe Publicis, Élisabeth Badinter est agrégée de philosophie et professeur d'université. Elle a dédié ses ouvrages à l'histoire des conceptions de la femme et aux relations hommes-femmes. Dans <u>L'amour en plus</u> (1980) l'auteure remettait en cause le mythe de l'instinct maternel avant de s'interroger sur le déclin du modèle masculin dans <u>YX, de l'identité masculine</u> en 1992.

Épouse de Robert Badinter, ancien ministre de la justice, elle publiera en collaboration avec celui-ci une biographie de Condorcet, <u>Un intellectuel en politique</u> (1989).

L'essentiel sur un auteur
Jean Baudrillard (1929 -)

Né en 1929, Jean Baudrillard est professeur de sociologie à l'Université de Paris X à Nanterre depuis 1966. Dans ses essais, le sociologue tente d'analyser la société contemporaine en revisitant le marxisme (<u>Le monde des objets</u> 1968). Avec la maturité, Baudrillard prendra ses distances avec Marx en affirmant que les objets de consommation ont une valeur sémiologique indépendante de leur valeur d'échange. Son œuvre se focalise sur le processus de disparition du social et du politique dans les sociétés de masse (<u>De la séduction</u> 1979, <u>Simulacres et simulations</u> 1981).

La politique des quotas

Étymologie/Définition/Histoire

Le quota est un terme administratif qui désigne un contingent ou un pourcentage déterminé.

Sujet proposé

Le système des quotas en donnant des droits à certaines catégories de la population est-il juste ?

Problématique proposée

La politique des quotas peut séparer les individus entre eux.

La politique des quotas, telle qu'elle prévaut aux États-Unis, se situe dans la négation même des principes fondateurs de la République française. Les encyclopédistes, Voltaire et Diderot ont éclairé des despotes en prônant que la raison (« le roseau pensant » qui sait pourquoi il plie) construit un Homme universel. L'esprit des Lumières a déraciné l'individu et inscrit cela dans les droits de l'Homme de 1789. Alain Finkielkraut dans <u>La défaite de la pensée</u> s'évertue à démontrer que le communautarisme ne doit pas prendre le pas sur l'universel destiné à nous libérer des contingences. Dans cette optique, on pourrait avancer qu'une femme doit être élue pour son seul talent et non parce que la loi sur les quotas contraint les partis. Dans le domaine économique, les tenants du libéralisme estiment qu'une « main invisible » régule les marchés (Adam Smith). Nul besoin par conséquent de les protéger au risque de nuire aux échanges. La politique des quotas en économie s'opère au détriment du consommateur qui pourrait acheter à revenu égal des produits de même qualité mais moins cher.

Les opposants au système des quotas en politique regardent l'expérience Outre-Atlantique de *l'affirmative action*. Tout d'abord, ils constatent que la politique des quotas aux États-Unis se rattache au communautarisme. Or, la France est une nation et refuse de reconnaître plusieurs catégories de citoyens. Les États-Unis souhaitent que la communauté afro-américaine demeure minoritaire parmi les minorités. Pour cela, depuis les années 1960 et la décision de la Cour Suprême de supprimer les *litteracy tests*, ce pays a mis en place un système des quotas qui régule l'immigration. Ainsi, la communauté afro-américaine demeure une minorité parmi les minorités. De plus, cette politique fut un échec. Les quotas devaient favoriser le « melting pot » fondé sur le mythe d'une langue unique et celui du rêve américain. Or, les communautés s'ajoutent tels des agrégats au lieu de fusionner. Les hispano-américains parlent espagnol, les calligraphies chinoises ne sont pas traduites à China Town et la plupart des élèves du Bronx n'entrera pas dans une université. La culture WASP (white anglo-saxon protestant) l'emporte sur les autres.

Mais la politique des quotas peut également réparer des injustices ou inégalités.

En politique, l'argument en faveur des quotas part d'une idée simple. La vocation de l'État consiste à intégrer l'ensemble des citoyens, à les amener à un niveau de vie décent. Or, dans cette mission, l'État a échoué. Aux États-Unis par exemple, 50 % des détenus sont afro-américains alors qu'ils ne constituent que 12 % de la population américaine. Bien sûr, si des individus sont incarcérés ce n'est pas parce qu'ils sont noirs mais bien parce qu'ils ont commis des crimes et délits. Mais ce taux prouve l'échec de la politique d'intégration en faveur des afro-américains aux États-Unis. La couleur agit ici comme un facteur discriminant contre lequel la politique des quotas, dans les universités et dans les administrations, entendait lutter. En France, une enquête récente de l'INSEE a dégagé le portrait-robot du chômeur ou RMIste type : il s'agit d'une femme, jeune, peu ou pas qualifiée et issue du milieu ouvrier. À cette discrimination sociale s'ajoute la discrimination raciale que combattent diverses associations, comme « S.O.S. racisme ». La pratique du « testing » a pu démontrer en truquant des *curriculum vitae* qu'un nom de famille à consonances arabes était discriminant à l'embauche. La politique des quotas oblige l'État aux États-Unis à embaucher des minorités et en France la réforme de Sciences Po recrute par une troisième voie les candidats issus des ZEP. Il apparaît très important de souligner qu'en France, l'héritage des Lumières qui condamne l'idée de race, s'intéresse à l'origine sociale et non à la couleur de peau. Économiquement cependant, les populations immigrées détenant un faible revenu se logent dans les ZEP et sont concernées par la réforme. La parité hommes-femmes en politique a été instaurée par la loi constitutionnelle du 8 juillet 1999 et par la loi du 6 juin 2000 sur l'égalité numérique des candidatures masculines et féminines.

Dans le domaine culturel, le quota de chansons françaises sur les ondes radios a permis l'émergence du Rap français qui s'avère le rap le plus vendu dans le monde après le Rap américain. Ce protectionnisme ne nuit pas à la libre concurrence car cinquante pour cent des morceaux diffusés à la radio sont étrangers. En économie, depuis la suppression des quotas le premier trimestre 2005 pour l'importation des textiles, cette importation en provenance de Chine a augmenté de 11 % (29 % des importations en avril 2005). Un ouvrier chinois gagnant cinquante euros par mois, sans parler du travail gratuit des prisonniers, l'achat à la Chine d'une parure de sous-vêtements coûte deux euros ce qui ne correspond même pas au coût de l'attache du soutien-gorge en France. Face à cette concurrence, Dim a dû mettre en place un plan social.

Conclusion

De nombreuses statistiques et études sociologiques nous conduisent à penser que nous vivons au quotidien dans une fausse fraternité. Le sexe, l'âge, le handicap, le revenu et la couleur de peau freinent la mobilité sociale.

Bibliographie : Eric Keslassy, <u>De la discrimination positive</u>, Éditions Bréal, 2004.

Sujets voisins et leurs problématiques

« Le marginal est-il nécessairement l'ennemi de la société ? »

Il faut distinguer la marginalité choisie de la marginalité subie. D'une manière générale, le néologisme SDF désigne l'exclusion subie tandis que le marginal vit en marge d'une société qu'il refuse, par choix de vie, sans toutefois vraiment la quitter. Le marginal vit sa différence au nom d'une exigence morale qu'au nom de la liberté d'opinion de chacun nous devons respecter (article 19 de la Déclaration universelle des Droits de l'Homme de 1948). En ce qu'il conforme ses actes à ses idées, le marginal vit dans la dignité et réalise sa liberté qui justifie le devoir de le respecter. En quoi et comment, le marginal, en vivant sa liberté peut-il nuire à la communauté ? Est-ce parce que dans la mesure où nos sociétés proclament les libertés individuelles, ceux qui la refusent devraient vivre en son sein et non à sa marge ? Cela signifie-t-il que la société doit accepter toute forme de marginalité ?

« Puis-je parler des autres comme de mes semblables ? »

Les religions puis Kant ont posé ce postulat fraternel qui considère l'autre comme notre semblable ou exige de ne pas faire à autrui ce que nous ne ferions pas à nous-même. Pourtant, si autrui nous ressemblait, il n'existerait pas de problème de communication en ce monde. La folie, par exemple, est perçue comme altérité dans la mesure où le fou, en abandonnant le masque social, ne ressemble qu'à lui-même. Sartre affirmait ainsi : « Autrui c'est l'autre c'est-à-dire le moi qui n'est pas moi ». En définitive l'expérience pose autrui comme différent de nous-mêmes mais la morale nous demande de le considérer comme notre semblable. N'est-ce pas dans cette tension continuelle entre la liberté individuelle et la fraternité collective que naît la nécessité du politique ?

Citations utiles

« *Pouvons-nous parler d'intégration tant qu'il n'y a pas intégration des cœurs et des esprits ?* » Dan George.

« *L'intégration, c'est l'exact inverse de l'exclusion.* » Claude Allègre, discours au Colloque sur l'École du XXIᵉ siècle, janvier 1999.

« *Il ne faut pas uniquement intégrer. il faut aussi désintégrer. C'est ça la vie. C'est ça la philosophie. C'est ça la science. C'est ça le progrès, la civilisation.* » Eugène Ionesco, <u>La leçon</u>.

« *Il faut reconnaître tout être humain, sans chercher à savoir s'il est blanc, noir, basané ou rouge ; lorsque l'on envisage l'humanité comme une seule famille, il ne peut être question d'intégration ni de mariage interracial.* » Malcolm X.

La parité : évolution du droit français

En 1982, le Conseil constitutionnel dans son arrêt du 18 novembre intitulé <u>Quota par sexe</u> avait rejeté le projet de loi visant à instaurer un quota pour instaurer la parité. Cette décision fut prise au vu de l'article de la Constitution du 4 octobre 1958 selon lequel « La France [...] assure l'égalité devant la loi sans distinction d'origine, de race ou de religion. » Le Conseil d'État en 1997 énonça dans son rapport qu'afin de rétablir l'égalité des chances il fallait procéder à une « différenciation des droits ». Ainsi, l'idée d'une modification de la Constitution pour instaurer les quotas comme « discrimination positive » faisait son chemin. En 1999 finalement, le Conseil Constitutionnel rendit son arrêt <u>Quota par sexe II</u>. S'en suivirent la loi constitutionnelle du 8 juillet 1999 sur la parité hommes-femmes en politique et la loi du 6 juin 2000 sur l'égalité numérique des candidatures masculines et féminines. Dorénavant le quota pour les élections municipales est obligatoire. Grâce à cette loi, la proportion des femmes siégeant dans les Conseils municipaux est montée à 47,5 % à la suite des élections de 2001.

Pour les élections législatives, seules des sanctions financières ont été envisagées et le taux de femmes députés est modestement passé de 10,91 % (soit 62 femmes) à 11,78 % (68 femmes). Au Sénat, cette proportion est montée à 17 % en septembre 2004.

Affirmative Action

Cette expression américaine a été utilisée pour la première fois par le Président Lyndon Johnson en 1965 dans un décret qui enjoignait l'administration fédérale à recruter et à traiter ses employés « sans aucune distinction de race, de couleur ou d'origine ethnique. » En 1967, le décret fut étendu au bénéfice des femmes.

L'administration américaine a progressivement mis en place une discrimination positive par un système de quotas par sexe et par origine ethnique.

Santé et démographie médicale

Étymologie/Définition/Histoire

Du latin *sanitas* état d'une personne dont l'organisme fonctionne bien.

Sujet proposé

Jean-François Mattéi, en tant que Ministre de la Santé, de la Famille et des Personnes Handicapées, a commandé plusieurs rapports qui tous conduisent à la même conclusion : les vingt prochaines années connaîtront une baisse de la démographie des médecins, généralistes et spécialistes. Quel que soit le *numerus clausus* qui sera fixé prochainement et étant donné la durée des études médicales, la densité des professionnels de la santé va chuter. Quelles solutions l'État doit-il mettre en œuvre ?

Problématique proposée

La démographie médicale est en panne.

Les symptômes : Le Professeur Berland, lui-même cité par ses collègues chirurgiens, a constaté dans son rapport une disparité dans la répartition des médecins sur le territoire national. Les régions PACA et Ile-de-France connaissent une surpopulation médicale. Les internes en chirurgie se raréfient et dans quelques années, la baisse de la densité médicale affectera tout le

100

territoire. Cependant, la pénurie de médecins épargne d'ores et déjà certaines régions urbanisées et gagne les zones rurales. De même, certaines filières, comme la chirurgie restent plus frappées par le manque d'internes que d'autres comme par exemple la radiologie.

L'origine du mal : D'une manière générale, la diminution de l'offre de soins s'explique tout d'abord par le vieillissement de la profession. Autre facteur explicatif, la féminisation de la médecine car les femmes médecins travaillent en moyenne six heures de moins par semaine que leurs collègues masculins. De plus, comme les autres professions, la médecine reste affectée par la société de loisir, car la jeune génération souhaite moins travailler que ses aînés. Enfin, les tâches administratives ont augmenté, empiétant sur le temps disponible que le médecin peut passer réellement à exercer son métier. Plus particulièrement, le rapport Domergue-Debouzie souligne la spécificité de la crise que traversent les spécialités chirurgicales. Elle s'explique par le manque d'attractivité de la carrière chirurgicale, mal rémunérée, pénible et monotone. Parallèlement, la demande de soins augmente en même temps que l'offre diminue. La population vieillit et, dans le cas de la chirurgie, le développement du loisir augmente les risques et l'activité saisonnière de santé.

Les experts ont proposé des solutions urgentes qui n'auront d'effet que d'ici une dizaine d'années.

Les remèdes : Les experts avaient préconisé une augmentation du *numerus clausus* à l'issue de la première année du premier cycle d'études médicales (PCEM1). En effet, il fut un temps où les médecins se retrouvaient au chômage, faute de trouver un emploi. Le Ministère de la Santé détermina alors, par faculté de Médecine, le nombre de places, c'est-à-dire le *numerus clausus*, en deuxième année. Par conséquent, pour augmenter aujourd'hui le nombre de médecins, il faut augmenter le *numerus clausus*. Celui-ci a augmenté ces dernières années mais cette condition, bien que nécessaire, n'est pas suffisante. Les chirurgiens quant à eux font remarquer qu'une seconde sélection en sixième année pénalise leur filière. En effet, le nombre de postes à l'internat a diminué en chirurgie au profit de la gynécologie obstétrique, également touchée par le manque de relève. La seconde piste explorée consiste à créer de nouveaux métiers et à transférer des compétences, des professions médicales vers les acteurs paramédicaux. Le Professeur Berland a exposé au

Parlement les expérimentations qui doivent être mises en place suite à la seconde mission qui lui a été confiée sur ce thème. Cette seconde stratégie ne vise plus à former davantage de médecins mais à réorganiser et à optimiser leur temps de travail. Le but est de dégager du temps médical en transférant certaines tâches à des infirmiers, par exemple. Ce transfert impliquerait cependant une spécialisation des acteurs paramédicaux et la transformation de certaines études courtes en études du niveau Master dans le cadre du LMD. Les médecins, d'une façon générale souhaitent se libérer du temps perdu en formalités administratives.

Les décisions ministérielles : Concrètement, l'État a augmenté le *numerus clausus*. À terme, le nombre de médecins formés va augmenter mais entre le moment où le *numerus clausus* a augmenté et celui où les étudiants auront terminé leur formation, dix à quatorze années vont s'écouler pendant lesquelles la crise démographique n'aura pas été résolue. Aux États-Unis par exemple, ce sont les médecins étrangers qui occupent les postes de spécialistes qui n'ont pas trouvé preneur. La solution la plus efficace consisterait à obliger les étudiants admis en seconde année à choisir telle ou telle discipline. De la même façon, il faudrait inciter les médecins libéraux à s'installer dans les zones démédicalisées grâce à des primes à l'installation mais avec des contre-parties contraignantes pour le médecin. On pourrait même imaginer des médecins spécialistes et généralistes, rémunérés par l'État mais affectés d'office, comme tout fonctionnaire, sur tel ou tel poste. Mais cette réforme du système de soin aurait un coût et l'heure est à l'économie (l'euro modérateur, diminution des remboursements) et non à la dépense. De plus, politiquement, cela amènerait les internes à manifester, aucun gouvernement ne souhaite prendre ce risque.

Conclusion

Toutes les réformes qui seront mises en place, réforme des formations paramé-dicales, transfert de compétences et augmentation du *numerus clausus*, ne prendront effet que d'ici une dizaine d'années. Aussi, le gouvernement a-t-il créé en 2003 un Observatoire de la démographie des Professions de santé, présidé par le doyen Berland, marquant la volonté de l'État de résoudre cette crise.

Bibliographie : Mission BERLAND, *La démographie des Professions de Santé,* décembre 2002 ; Rapport DOMERGUE ET GIUDICELLI, février 2003 (www.sante.gouv.fr/htm/actu/domergue/rapport.pdf) ; ATTAC *Santé Assurance maladie,* Éditions Mille et une nuits, 2004.

Sujets voisins et leurs problématiques

« Éthique et morale aujourd'hui. »

Quelle différence peut-on noter entre l'éthique et la morale ? Le philosophe Paul Ricœur voit dans l'éthique la recherche de ce qui est estimé bon et dans la morale une obligation qui s'impose à nous par des normes. Pendant longtemps, éthique et morale n'ont fait qu'un, mais sous l'influence de Rousseau, Sartre ou encore de la Seconde Guerre mondiale, le sens de la morale s'est restreint à l'individu. Alors que l'éthique se veut universelle, la morale est personnelle et varie selon les circonstances et le lieu. L'éthique et la morale pourraient-elles alors de nouveau s'épouser aujourd'hui ?

« La bioéthique. »

L'éthique place la personne au-dessus de tout dans la mesure où l'individu ne doit jamais être un moyen. La bioéthique ne doit pas être confondue avec la déontologie qui s'appliquerait au seul corps des médecins. Il ne s'agit pas d'une morale appliquée à un corps de métier mais d'une éthique qui se voudrait universelle autour d'un seul sujet : le vivant (bio). Vers 1960 le terme bioéthique apparaît pour désigner cette discipline qui s'attellerait à réfléchir sur les pratiques médicales et leurs relations avec le progrès : que doit-on faire ou laisser faire ?

Citations utiles

« *Existe-t-il pour l'homme un bien plus précieux que la Santé ?* » Socrate

« *La meilleure santé, c'est de ne pas sentir sa santé.* » Jules Renard, Journal.

« *Être en bonne santé, c'est pouvoir abuser de sa santé impunément.* » Michel Tournier, Le miroir des idées.

« *Son nez ne lui plaisant pas : il l'a remis aux soins de la chirurgie esthétique. Son âme ne lui plaisait pas : il l'a remise aux soins de la psychanalyse.* » Jean Baudrillard, Cool Memories, 1980-1985.

« *Toute activité orientée selon l'éthique peut être subordonnée à deux maximes totalement différentes et irréductiblement opposées : l'éthique de responsabilité ou l'éthique de conviction.* » Max Weber.

« *Il n'y a d'éthique que lorsqu'il y a liberté.* » Jacques Ruffié, De la biologie à la culture.

L'essentiel sur un auteur
Hippocrate (460–377 av. J.-C.) :

Il s'agit du plus grand médecin de l'Antiquité. Initiateur de l'observation clinique, il a laissé à la postérité un corps de traités remarquables. Sa théorie repose sur l'altération des humeurs de l'organisme. Il fit intervenir des entités imaginaires qui le conduisirent pourtant à une pratique saine de la médecine en tant qu'art de guérir.

Son éthique médicale est à l'origine du serment d'Hippocrate que prête tout médecin avant d'exercer son art.

Serment d'Hippocrate

« Je jure par Apollon, médecin, par Esculape, par Hygie et Panacée, par tous les dieux et toutes les déesses, les prenant à témoin que je remplirai, suivant mes forces et ma capacité, le serment et l'engagement suivants : Je mettrai mon maître de médecine au même rang que les auteurs de mes jours, je partagerai avec lui mon savoir, et, le cas échéant, je pourvoirai à ses besoins ; je tiendrai ses enfants pour des frères, et, s'ils désirent apprendre la médecine, je la leur enseignerai sans salaire ni engagement. Je ferai par des préceptes, des leçons orales et du reste de l'enseignement à mes fils, à ceux de mon maître, et aux disciplines liés par un engagement et un serment suivant la loi médicale, mais à nul autre. Je dirigerai le régime des malades à leur avantage, suivant mes forces et mon jugement, et je m'abstiendrai de tout mal et injustice. Je ne remettrai à personne du poison, si on m'en demande, ni ne prendrai l'initiative d'une pareille suggestion ; semblablement, je ne remettrai à aucune femme un pessaire abortif. Je passerai ma vie et j'exercerai mon art dans l'innocence et la pureté. Je ne pratiquerai pas l'opération de la taille, je la laisserai aux gens qui s'en occupent. Dans quelques maisons que j'entre, j'y entrerai pour l'utilité des malades, me préservant de tout méfait volontaire et corrupteur, et surtout de la séduction des femmes et des garçons, libres ou esclaves. Quoi que je voie ou entende dans la société pendant l'exercice ou même hors de l'exercice de ma profession, je tairai ce qui n'a jamais besoin d'être divulgué, regardant la discrétion comme un devoir en pareil cas. Si je remplis ce serment sans l'enfreindre, qu'il me soit donné de jouir heureusement de la vie et de ma profession, honoré à jamais parmi les hommes ; si je le viole et que je me parjure, puissé-je avoir un sort contraire ! »

■ Actualités

Questions réponses sur le médecin traitant

Quels spécialistes restent en accès direct ?

Il s'agit des :
- gynécologues,
- ophtalmologues,
- psychiatres,
- pédiatres (puisque la réforme ne concerne que les plus de 16 ans),
- dentistes.

Pourrons-nous changer de médecin traitant ?

Il est tout à fait possible de changer de médecin traitant, ce dernier devra remplir la case, sur la feuille de soins, portant la codification « MTN » (médecin traitant nouveau).

Cette réforme permettra-t-elle de faire des économies ?

La CNAM avait évalué à 1,5 milliard d'euros le coût des actes prescrits plusieurs fois au même patient et espère pouvoir réaliser autant d'économies.

La réorganisation du travail

Étymologie/Définition/Histoire

Pour la petite histoire : vient du latin *tripalium* qui signifie « instrument de torture » !

Le travail, au fil des siècles, est passé d'un mode avilissant de servilité (Antiquité grecque) à un mode valorisant d'intégration et de distinction sociales. La crise de 1970 cependant (début des trente « piteuses ») a entamé la segmentation du travail, c'est-à-dire creusé l'écart entre emplois précaires et emplois protégés.

Sujet proposé

Le travail est devenu une valeur dans nos sociétés néo-libérales mais, puisqu'il n'y a pas assez d'emploi pour tous, faut-il repenser le partage du travail ?

Problématique proposée

De nombreuses théories relatives au travail existent.

Pour Adam Smith[3], l'équilibre de plein-emploi s'effectue naturellement entre l'offre et la demande à condition que l'État n'intervienne pas dans ce

---

3. <u>Recherche sur la nature et les causes de la richesse des nations</u>, 1776.

mécanisme. En effet, dans l'hypothèse contraire où l'État proposerait des revenus de substitution aux chômeurs, l'individu pourrait choisir l'inactivité volontaire. Exemple des États-Unis avec 5 % de taux de chômage. Pour JM Keynes au contraire (né en 1883[4]), l'équilibre général du marché laisse subsister du chômage dans une économie qu'il qualifie de sous-emploi. Le chômage involontaire est une norme dans une économie laissée à elle-même. Il préconise l'intervention de l'État sur la demande effective (demande de biens de consommation et demande d'investissement avec effet multiplicateur).

Les partis de droite s'avèrent plus favorables aux théories économiques libérales et au désengagement de l'État. Ils préfèrent diminuer les revenus sociaux. Les partis de gauche sont traditionnellement favorables à l'intervention de l'État et à l'indemnisation du chômage et aux minima sociaux (le RMI).

Le droit du travail a évolué.

Du point de vue de l'organisation du travail, on assiste au retour du travail à la chaîne. Taylor (mort en 1915) inventa la parcellisation des tâches avec notamment le chronométrage de l'ouvrier et l'attribution d'un salaire lié au rendement. Le fordisme (Ford meurt en 1947) ensuite standardisa les pièces pour accélérer le travail à la chaîne. Avec le télémarketing, le travail à la chaîne réapparaît dans le tertiaire, les employés sont chronométrés, mis sur écoute, perçoivent une prime de rentabilité et pointent pour travailler. Par ailleurs, alors que l'offre d'emploi est inférieure à la demande, les patrons peuvent se permettre de baisser les salaires, augmenter le nombre d'heures, multiplier les CDD. L'emploi se précarise et on parle de la fin des CDI, comme aux États-Unis.

À ceux qui prétendent que les trente-cinq heures nuisent à la compétitivité, les ouvriers d'Arcelor ont souligné que, depuis leur mise en place, l'entreprise a réalisé des bénéfices. Les trente-cinq heures traduisent par contre une avancée sociale. Comme l'avait souligné Herbert Marcuse dans <u>l'Homme unidimensionnel</u>, la machine aidant le travailleur à aller plus vite dans l'exécution de ses tâches, le temps ainsi dégagé devrait augmenter notre temps libre. Herbert Marcuse voyait ainsi la problématique du partage du travail résolue dans la société de loisir. Il se référait d'une part à Freud,

---

4. Pour retenir cette date, souvenez-vous que Marx est mort cette même année.

d'autre part à Marx. Toutefois, le passage aux trente-cinq heures peut sembler néfaste pour les usagers car les services publics se retrouvent parfois en sous-effectifs les vendredis ou les lundis pour cause de RTT. Le principe de continuité du service public pourrait à terme être remis en cause. Bernard Kouchner, interpellé par Daniel Cohn-Bendit, a reconnu qu'il aurait fallu, avant de promulguer les trente-cinq heures, recruter et former 10 000 médecins et 100 000 infirmières.

Conclusion

Le dumping social et la délocalisation des entreprises vers des pays pratiquant de bas salaires obligent les pays développés à se distinguer. Pour résister, l'Occident doit développer un savoir-faire innovant. Les États concernés doivent soutenir la recherche (voir les 1 000 emplois de chercheurs créés par le MENESR[5] en 2004) qui apparaît comme la richesse des nations de demain (voir RECHERCHE).

Bibliographie : Marx, <u>Le Capital</u>, Éditions Flammarion, 1999.

Sujets voisins et leurs problématiques

Concours interne ENA, 2002 : « Le travail est-il une valeur en déclin ? »

Une valeur correspond au prix que l'on attribue à une chose et, ici, au sacrifice auquel nous sommes prêts pour obtenir ou garder notre travail. Si le travail se trouve au centre de la vie moderne, il en alla autrement durant l'Antiquité où l'esclavage permit à l'élite grecque de pratiquer l'art de la philosophie. Max Weber dans <u>L'éthique du protestantisme</u> a expliqué comment la Réforme favorisa le développement de la valeur travail en Occident. De nos jours le travail revêt une valeur civique et une valeur morale. Cependant, il se raréfie et Herbert Marcuse avait prédit l'avènement de la société de loisir. Mais la conjoncture de ces deux événements, le chômage et le loisir, fait-elle vraiment du travail une valeur en déclin ?

---

5. Ministère de l'Éducation nationale, de l'Enseignement supérieur et de la Recherche.

« Performances et défaillances de la société industrielle. »

La révolution industrielle a conduit les sociétés occidentales vers un mieux-être immédiat sans se soucier des conséquences de ce progrès. Par sa production de masse, la société industrielle a permis la démocratisation des biens de consommation et a préservé les nations occidentales de la famine. Cependant, la catastrophe de Bhopal en 1984, l'accident nucléaire de Tchernobyl en 1986 ont resitué l'Homme dans une perspective humaniste et responsable. Pour preuve, la Charte de l'Environnement de 2004 a été intégrée dans le Préambule de la Constitution de 1958 et fait référence à toutes les lois devant respecter les principes et objectifs du texte. En ce début de XXIe siècle, quel bilan pouvons-nous dresser du développement industriel ?

Citations utiles

« La cloche dit : Prière ! Et l'enclume : Travail ! » Victor Hugo, <u>Toute la lyre</u>.

« On revient avec le crédit à une situation proprement féodale, celle d'une fraction de travail due d'avance au seigneur, au travail asservi. » Jean Baudrillard, <u>Le système des objets</u>.

« La limite idéale vers laquelle tend la nouvelle organisation du travail est celle où le travail se bornerait à cette seule forme de l'action : l'initiative. » Jean Fourastié, <u>Le grand espoir du XXe siècle</u>.

« C'est par le travail que la femme a en grande partie franchi la distance qui la séparait du mâle ; c'est le travail qui peut seul lui garantir une liberté concrète. » Simone de Beauvoir, <u>Le deuxième sexe</u>.

« Il n'y a point de travail honteux. » Socrate (et la sagesse populaire dit : *« il n'y a pas de sot métier. »*).

Le déclin du syndicalisme

Étymologie/Définition/Histoire

Le *trade-unionism* en anglais ou le syndicalisme en français est un mode d'organisation de certains travailleurs en vue de la défense de leurs intérêts professionnels et reste soumis à un régime légal particulier. Le syndicalisme exprime essentiellement trois tendances du mouvement ouvrier : le syndicalisme anarcho-révolutionnaire, le syndicalisme réformiste et le syndicalisme marxiste. En Union soviétique et dans les démocraties populaires, le syndicalisme servit de liaison entre le pouvoir et les travailleurs. Plus largement, les syndicats peuvent défendre également les intérêts patronaux (le MEDEF en France) ou des intérêts locaux. Les unions syndicales se sont d'abord développées en Angleterre vers 1880, leur action se limitant aux questions salariales et de condition de travail.

Sujet proposé

La chute du bloc soviétique et le recul des partis communistes ont étiolé l'influence des syndicats ouvriers (la CGT, politiquement proche du PCF, est passée d'un taux de syndicalisation de 30 % en 1950 à 5 % aujourd'hui). Les *trade-unions* et syndicats peuvent-ils encore défendre les intérêts des travailleurs ? Quel est l'avenir des syndicats ?

Problématique proposée

On peut trouver une certaine continuité dans le syndicalisme.

Le syndicat s'est alimenté à la source des corporations de l'Ancien Régime. Intangible, sa logique est la suivante : pas d'action collective sans affirmation du principe de solidarité d'une part et pas de participation à la production sans auparavant demeurer l'organe fondateur de la vie sociale. Le syndicalisme reste toutefois contemporain du développement industriel. En France, la loi Le Chapelier (1791) avait interdit la coalition salariale et ce délit de coalition ne fut aboli qu'en 1864. Ainsi, la loi Waldeck-Rousseau du 21 mars 1884 (IIIe République) sur le droit syndical s'apparente en France à la conquête d'une liberté individuelle. Cette loi confère aux syndicats une capacité juridique plus large que celle accordée aux associations. Les syndicats peuvent ainsi défendre en justice les intérêts de leurs adhérents mais aussi des intérêts collectifs liés à la profession. Mais il faudra attendre 1895 pour voir naître le premier grand syndicat français, la CGT[6]. Depuis le début du XXe siècle, le pouvoir doit tenir compte des syndicats transformés en force politique. En Angleterre les trade-unions ont donné naissance au parti travailliste. Pendant « les trente glorieuses », les syndicats ont privilégié les revendications quantitatives centrées sur les salaires La grève constitue leur instrument d'action majeur qui peut aller jusqu'à paralyser le pays (grève du 24 mai 1968 avec 10 millions de grévistes, grèves de novembre et décembre 1995, ou grève de mai 2003 qui dura un mois).

Pour Rosanvallon (1988), le syndicalisme se rapporte à un phénomène contingent. Sous la IIIe République, le syndicalisme aurait ainsi permis de conserver une conscience de classe[7] parallèlement à la montée de l'individualisme politique lié au suffrage universel. Cette vision des unions syndicales conduit à penser que le syndicalisme va se reconvertir. Il semblerait que, dessoudé du mouvement social, il devienne une agence de négociation avec les décideurs économiques et politiques (Touraine). Par exemple, en 2000-2002 les syndicats, puissants dans le processus d'institutionnalisation, ont participé aux négociations sur la loi Aubry des trente-cinq heures.

---

6. Confédération Générale du Travail.
7. Marx.

Mais il semble surtout que le syndicalisme doive être analysé dans sa rupture avec le siècle précédent.

La crise du syndicalisme trouve son fondement dans la crise de l'État Providence avec notamment une montée du chômage et des emplois précaires. Les chômeurs forment une « armée de réserve » pour les employeurs et le rapport de forces entre les employeurs et les syndicats s'est inversé (crainte de la suppression d'emplois). De plus, alors que le travail est devenu un facteur décisif d'intégration sociale, ce dernier se raréfie ou se précarise dans les emplois d'ouvriers et d'employés, pour des activités de service mais aussi dans le secteur du bâtiment et de l'industrie automobile (CDD, intérim, temps partiel, stages, CNE, CAE). Or, la sidérurgie, la métallurgie et l'automobile constituent les bastions traditionnels du syndicalisme. Notons encore que les effectifs du secteur secondaire diminuent tandis que ceux du tertiaire, où la tradition syndicale est plus faible, augmentent. Les facteurs sociologiques de la désyndicalisation tiennent à la présence des femmes, des jeunes et des employés dans une population active qui ne se reconnaît plus dans les valeurs ouvrières et syndicales. Enfin, la montée de l'individualisme en Occident semble défavorable à l'action collective.

En Italie et en Allemagne cependant, le syndicalisme a mieux résisté à un contexte économique difficile. Il vaudrait donc mieux parler d'exception française dans la mesure où en France les salariés se méfient de la politisation des syndicats, de leurs divisions et de leurs difficultés à intégrer les mutations sociales. Toutefois, au Ministère de l'Éducation nationale, les « décharges syndicales » représentent l'équivalent de quelques 10 000 emplois à temps plein.

Conclusion

Selon Alain Touraine un mouvement social obéit à trois principes, celui de l'identité, celui de l'opposition (un adversaire clair) et celui de la totalité (enjeux du combat). Alors que les mouvements sociaux classiques concernaient surtout la redistribution des richesses, les nouveaux mouvements sociaux (NMS), liés à l'avènement d'une société postindustrielle, ont des revendications qualitatives. Leurs structures sont plus décentralisées pour éviter de se transformer en systèmes figés et leurs moyens d'action non institutionnels (occupation de locaux, grèves de la faim, boycotts, pétition ou blocage de la circulation). Enfin, leurs contestations s'avèrent plus politiques que culturelles et se situent dans le champ des valeurs (la protection de l'environnement) ou de la citoyenneté (l'aliénation de l'homme par le travail, la lutte contre le racisme). Voir ANTIMONDIALISATION.

Bibliographie : Zola, *Germinal* ; Éditions Hachette éducation 2005 ; René Mouriaux, *Syndicalisme en France depuis 1945*, Éditions La Découverte, 2004.

Sujets voisins et leurs problématiques

« Depuis le début du XIXᵉ siècle, la tendance des individus à se grouper s'est accentuée dans tous les domaines. Montrer les conséquences de ce fait sur la vie de l'État en France. »

Au XVIIIᵉ siècle, l'idéologie libérale qui accompagne la Révolution industrielle considère les unions ouvrières comme des entraves à la liberté économique. C'est dans ce contexte que la loi Le Chapelier de 1791 interdit toute coalition et donc les unions syndicales. À partir des années 1820, Flora Tristan et Louis Blanc dénoncent les conditions de travail en France et militent en faveur des structures d'entraide. Dans quelle mesure la légalisation des regroupements a-t-elle également modifié l'organisation de l'État ?

« Les syndicats et les partis politiques dans les sociétés modernes. »

Pour rester crédibles, les syndicats doivent apparaître à l'État et au patronat comme un interlocuteur prêt à négocier. Aussi les syndicats, même dans l'hypothèse où ils soutiendraient l'action de partis révolutionnaires, doivent-ils faire passer leurs *a priori* idéologiques au second plan. Compte tenu de la désaffection du citoyen moderne pour la politique, le travailleur lui-même se méfiera d'un syndicaliste trop politisé, l'individualisme ne favorisant pas l'embrigadement et l'endoctrinement. Le divorce définitif entre les syndicats et les partis politiques ne permettrait-il pas une recrudescence des effectifs syndicaux ?

« *Par l'union, les petits établissements s'accroissent ; par la discorde, les plus grands se renversent.* » Sénèque.

« *Les politiciens considèrent que les idées leur appartiennent quand ils n'en sont que les serviteurs. Les idées devraient se constituer en syndicat.* » Tristan Bernard, <u>Le poil civil</u>.

« *Le rassemblement des citoyens dans des organisations, mouvements, associations, syndicats est une condition nécessaire au fonctionnement de toute société civilisée bien structurée.* » Vaclav Havel, <u>Méditations d'été</u>.

« *L'homme ne peut rien faire en bien ou en mal qu'en s'associant. Il n'y a pas d'armure plus solide contre l'oppression ni d'outils plus merveilleux pour les grandes œuvres.* » Pierre Waldeck-Rousseau.

« *L'union même de la médiocrité fait la force.* » Homère.

La violence et les jeunes

Étymologie/Définition/Histoire

Du latin : *vis* ; la force. La violence implique un rapport de forces avec autrui. Pour Nietzsche, lorsque cette violence est maîtrisée, nous devons parler de puissance (<u>La volonté de puissance</u>).

Sujet proposé

Grâce au progrès, les enfants sont mûrs de plus en plus tôt et les filles sont désormais pubères à 10,5 ans. Par contre l'entrée dans la vie active se fait de plus en plus tard alors que nos grands-parents travaillaient dans les mines à l'âge de douze ans. D'un point de vue physique, les enfants sont mûrs plus tôt tandis que d'un point de vue psychologique cette maturité est retardée.

Que doivent faire nos sociétés pour éradiquer la violence chez certains jeunes ?

Problématique proposée

Nous analyserons dans un premier temps les causes et les conséquences de la violence.

À de multiples reprises, les bulletins officiels de l'Éducation nationale ont consacré une large place à la violence à l'école. Les manifestations de celles-ci peuvent apparaître dans l'absentéisme des enfants et leur comporte-ment déviant (alcool, drogues, tags et dégradations, insultes). Les enfants ciblés par notre problématique restent les enfants désocialisés. Rappelons que la première désocialisation s'opère dans la famille, par exemple avec des parents violents ou absents. C'est majoritairement le cas des enfants scolarisés dans les écoles publiques du Bronx à New York dont le père est drogué ou en prison ou encore a quitté le domicile conjugal. Puis seulement, se produit une seconde désocialisation à l'école. L'âge est un facteur impor-tant dans la fabrication de la violence par les jeunes. Bien que les profes-seurs des écoles regrettent le comportement de jeunes élèves de CM2 qui copient celui de leurs « grands frères », c'est surtout au moment de l'adoles-cence que ce comportement se cristallise. En Europe de l'Est, c'est la carence affective qui pousse les adolescents à la déviance. En effet, ces anciens pays communistes n'avaient jamais connu le chômage tandis qu'aujourd'hui les groupes sociaux sont affectés par le désœuvrement. Pour eux, les autres ne sont que des choses (réification d'autrui).

La violence demeure aux yeux des psychologues un processus archaïque de socialisation. Les sociétés primitives en Afrique, à Tahiti ou en Amazonie continuent les rites initiatiques des jeunes et canalisent cette violence. De nos jours, les rites initiatiques ont disparu en Occident. Le passage à l'âge adulte se fait par la résistance à la douleur (Élisabeth Badinter dans <u>XY</u> cite les exemples des scarifications ou mutilations génitales) et à la peur (masques animés dans la forêt sacrée). Les années 1960 virent en France proliférer les « blousons noirs », équivalents des gangs des ghettos noirs américains, et les « blousons dorés » de certains milieux riches. En 1968, les jeunes universi-taires eurent recours à la violence pour exprimer leur besoin de liberté au sein du système scolaire. En 1990, un mouvement inverse fit défiler des lycées dans les rues de Paris pour réclamer plus d'encadrement dans les EPLE pour lutter contre la violence ambiante. La même année, Vaulx-en-Velin révéla le malaise de certaines cités. Les violences au sein des cités françaises en décembre 2005 nous amènent à nous demander si brûler des voitures ou commettre des agressions n'est pas devenu un rite initiatique.

Une comparaison internationale peut aider à dresser un bilan et trouver des solutions à la violence chez certains jeunes.

En Grande-Bretagne, le parti travailliste au pouvoir a décidé d'appliquer la tolérance zéro à l'égard de la violence juvénile. Couvre-feu, interdiction de sortir, retrait des aides sociales aux parents démissionnaires et surtout incarcération des mineurs constituent le panel du « tout répressif » à l'encontre des jeunes délinquants. Aux États-Unis, le système des « buses » a été mis en place pour sortir les enfants des ghettos. Ce système consiste à ne plus affecter les élèves dans une école située près de leur résidence mais à désectoriser cette affectation. Les « buses » étaient censées permettre le brassage social de la population scolaire dans les établissements publics. L'Allemagne pour sa part a préféré jouer la carte préventive. Des commissaires de police se rendent dans les écoles maternelles et commentent un spectacle de marionnettes mettant en scène des enfants qui se bagarrent avant de redevenir sages.

C'est Manchester qui a relevé le plus d'actes dits d'incivilités soit 700 en quatre ans. Mais derrière ces actes d'incivilités, il est nécessaire de distinguer les actes de déviation réels, comme les saccages gratuits de voitures, des regroupements d'amis assimilés à tort à des gangs. Ainsi, comme pour la loi Sarkozy, on peut reprocher à ce type de législation une grave atteinte à la liberté de réunion et donc aux libertés individuelles. Aux États-Unis, le système des « buses » échoua dans la mesure où les enfants des classes moyennes ne suivent pas leur scolarité dans le public mais dans le privé. La solution britannique pour sa part a l'avantage de travailler sur les limites : ce ne sont plus les enfants qui font la loi. Mais leur incarcération arrête leur développement et fabrique de la fixité. En effet, en prison, ils seront au contact avec de réels criminels auxquels ils s'identifieront à vie. La solution française vise également à couper ces enfants de leurs quartiers mais préfère les centres fermés à la prison. En définitive, ne devrait-on pas réintroduire dans nos sociétés l'initiation des jeunes adultes ? En effet, en Occident, la démocratie a fait reculer l'usage de la force. Mais le succès du saut à l'élastique, qui ne va pas sans rappeler le saut initiatique en Nouvelles- Hébrides, prouve que le jeune occidental a besoin lui aussi d'initiation pour se prouver qu'il est un adulte. En fait, il s'avère nécessaire de perpétrer l'initiation de nos jeunes. Nous pouvons penser ici à Arthur Rimbaud qui, « les poings serrés » se découvrit dans le voyage, se rendant à pied en Italie. En Suède notamment, après l'obtention du baccalauréat, les filles deviennent filles au pair pendant un an et les garçons partent travailler à l'étranger.

Conclusion

Mieux vaut interdire qu'empêcher. Interdire c'est structurer et fabriquer de la culture alors qu'empêcher par l'enfermement ne fait que repousser la digression à plus tard. En France, une femme sur dix est victime de violence conjugale et en Inde les femmes stériles sont brûlées par leur belle-famille.

Dans ces conditions, peut-on dire avec Aragon que « la femme est l'avenir de l'Homme » (voir FEMME) ?

Bibliographie : René Girard, <u>La violence et le sacré</u>, Éditions Hachette Pluriel, 1991.

Sujets voisins et leurs problématiques

« La violence a-t-elle son origine dans la vie sociale ? »

La mythologie grecque se nourrit de fratricides et d'actes cruels qui à leur tour engendrent le désir de vengeance. Michel Foucault a montré comment la société médiévale torturait les corps alors que nos sociétés modernes torturent les âmes. Aujourd'hui la violence n'a pas disparu de l'actualité avec par exemple la pratique du bizutage dans les grandes écoles. Aussi peut-on se demander dans quelle mesure la vie sociale rend l'Homme violent. La violence a-t-elle son origine dans la vie sociale ou dans la nature humaine ?

Sujet ENA, 2002 : « Le pouvoir de la rue. »

On se souvient des émeutes de Stonewall dans la rue Christopher Street à New York en 1969, du « dimanche sanglant » en Irlande du Nord (en anglais Bloody Sunday) en 1972 et des manifestations de la place Tienanmen à Pékin en 1989. Cette dernière se termina par un massacre perpétré par l'armée chinoise sans impliquer la chute immédiate du gouvernement. Peut-on alors parler d'un pouvoir de la rue ? Doit-on considérer que le pouvoir de la rue serait le pouvoir rendu au peuple ?

Citations utiles

« *La violence a coutume d'engendrer la violence.* » Eschyle, <u>Agamemnon</u>.

« *La religion de la non-violence n'est pas seulement pour les saints, elle est pour le commun des hommes. C'est la loi de notre espèce, comme la violence est la loi de la brute.* » Romain Rolland, <u>Mahatma Gandhi</u>.

« *L'injustice appelle l'injustice ; la violence engendre la violence.* » Henri Lacordaire, <u>Pensées</u>.

« *La violence engendre la violence. C'est pourquoi la plupart des révolutions se sont perverties en dictatures.* » Vaclav Havel, <u>Méditations d'été</u>.

« *Là où règne la violence, il n'est de recours qu'en la violence ; là où se trouvent les hommes, seuls les hommes peuvent porter secours.* » Bertolt Brecht, <u>Sainte Jeanne des abattoirs</u>.

Europe et mondialisation, relations internationales

Mondialisation et histoire

Étymologie/Définition/Histoire

La pensée des Lumières appelait de ses vœux la raison universelle. L'honnête homme plaça la culture, la science et l'intelligence au centre du bien commun de l'humanité.

En économie, on a d'abord parlé de l'internationalisation des firmes qui permit l'émergence des marchés mondiaux puis de la mondialisation (ou « globalisation », anglicisme).

Sujet proposé

Peut-on lutter contre la mondialisation et pourquoi ? Est-ce que la mondialisation ne s'inscrit pas dans un mouvement de l'Histoire, inéluctable ?

Problématique proposée

Nous pouvons observer les méfaits de la mondialisation.

La mondialisation économique consiste en un accroissement du volume des biens et des services échangés. Le commerce traditionnel, incarné par la théorie des avantages absolus de Ricardo (mort en 1823) considérait qu'il ne fallait pas produire soi-même ce qui coûterait moins cher à acheter. Ce qui distingue la mondialisation du commerce traditionnel c'est qu'elle favorise le commerce intra-branche. Ainsi, en Europe par exemple, les pays échangent des produits similaires comme les voitures. On voit également se développer le commerce captif intra-firme qui ne paraît international que du point de vue douanier.

Herbert Marcuse, le premier, a pressenti une mondialisation culturelle, dans son essai l'<u>Homme unidimensionnel</u>. Gilles Lipovetsky dans <u>l'Ère du vide</u> dénonça également la standardisation des modes de vie (succès international de feuilletons américains) et l'uniformisation des goûts. José Bové s'engagea pour sa part dans un combat contre la « mal bouffe » et rencontra en France un énorme succès populaire et médiatique.

L'inéluctable mouvement de l'Histoire qui nous conduit à la mondialisation doit être contrôlé.

Francis Fukuyama écrivit <u>La fin de l'Histoire</u>, à la suite de la chute du mur de Berlin en 1989. Pour lui, l'écroulement des derniers bastions communistes révélait que le libéralisme, associé à la démocratie, était le destin unique de toutes les nations. Force est de constater en effet, que des zones douanières se créent au travers des siècles et qu'il semble difficile de revenir en arrière sans régresser vers un nationalisme frileux. Les échanges économiques s'accompagnent forcément d'échanges culturels. Par exemple, nous retrouvons dans les rayons des disquaires des musiques du monde inconnues hier de nos grands-parents. La femme reste certainement la grande bénéficiaire de la mondialisation. L'idée relativiste défendue par Claude Lévi-Strauss recule et le Sénégal a voté en 2004 une loi interdisant l'excision des petites filles, assimilée à une mutilation voire un acte de barbarie.

Mais si José Bové ou Pierre Bourdieu s'opposent à cette Europe ou à cette mondialisation-ci, cela ne signifie pas qu'ils s'opposent à toute alternative. Depuis Seattle en 1995, les mouvements alter-mondialistes ont gagné en crédibilité. La première idée alter-mondialiste en passe d'être votée par le Parlement européen est la taxe Tobin, du nom de son concepteur. L'association ATTAC fut constituée pour défendre l'idée selon laquelle toutes les opérations de change devraient être soumises à une taxe de faible montant afin de décourager les spéculations à très court terme. En janvier 2005, le Président français J. Chirac défendit publiquement cette idée. Bernard Kouchner a par ailleurs souhaité que le devoir d'ingérence accompagne la conscience internationale tandis que, enfin, Pierre Bourdieu a lancé un mouvement social européen, composé de scientifiques et d'intellectuels pour arracher la mondialisation au dirigisme des entreprises.

Conclusion

Montesquieu : « Je suis Homme avant d'être Français car je suis nécessairement Homme et je ne suis Français que par hasard ». La mondialisation est la victoire de l'individu sur l'ethnocentrisme, de la pensée universelle des lumières sur le relativisme de Claude Lévi-Strauss.

Bibliographie : Gilles LIPOVETSKY, L'ère du vide, Éditions Gallimard 1989 ; Louis WEBER, OMC, AGCS, Éditions Syllepse, 2003.

Sujets voisins et leurs problématiques

« L'opinion publique mondiale. »

Les moyens de communication modernes ont permis, par exemple, de suivre la guerre du Vietnam « en direct » à la télévision, générant une opposition. En ce sens, il semblerait que, grâce aux technologies modernes d'information d'une part et à la liberté d'expression d'autre part, une opinion publique mondiale soit en train de voir le jour. Mais peut-on affirmer que cette opinion publique est spontanée ? Dans quelle mesure, l'opinion publique mondiale ne serait-elle pas manipulée et façonnée par les médias ?

« Assiste-t-on, depuis la fin de la Seconde Guerre mondiale, au déclin des idéologies ? »

Le terme « Idéologie » fut forgé à la fin du XVIIIe siècle par Destutt de Tracy pour désigner l'étude des idées. Guy Rocher l'a pour sa part définie comme un système qui sert à expliquer la situation actuelle de la collectivité et à justifier l'orientation historique prise par ce groupe. Aussi, considérer que les idéologies déclinent revient à considérer que les groupes humains ne justifient plus leur action. N'est-il pas utopique de croire que l'Homme peut se passer d'élaborer de grands systèmes pour guider son action ? L'Homme peut-il arrêter de penser ?

Citations utiles

« Chaque homme est une humanité, une histoire universelle. » Jules Michelet, <u>Histoire de France</u>.

« Toute philosophie est d'une certaine façon, la fin de l'histoire. » Paul Ricœur, <u>Histoire et vérité</u>.

« Je ne suis ni d'Athènes ni de Corinthe, je suis un citoyen du monde », Socrate.

« L'idéologie, c'est ce qui pense à votre place » Jean-François Revel.

« « L'idéologie est l'idée de mon adversaire » serait une des moins mauvaises définitions de l'idéologie » Raymond Aron.

Une notion à connaître

Économie monde

Notion inventée par l'historien français F. BRAUDEL et qui désigne une partie de la planète économiquement autonome et pourvue d'un système de liaisons et d'échanges intérieurs qui assure sa cohérence organique.

Trois évolutions de la mondialisation

1. Les nouvelles techniques de communication (Internet) donnent à la circulation des idées, des techniques et des services un essor sans précédent.

2. Poids croissant des acteurs internationaux étatiques (O.M.C., FMI), privés (CNN) et non gouvernementaux (la Croix rouge, Médecins sans frontière, Amnesty International…) au détriment des États-Nations.

3. Depuis la tenue de l'OMC à Seattle en 1995, écho croissant des mouvements alter-mondialistes.

Mai 2005

Un Français à la tête d'une grande organisation internationale

On ne présente plus Pascal Lamy. Ce socialiste atypique, ancien commissaire européen, fut nommé à la tête de l'Organisation mondiale du commerce grâce à l'appui de Jacques Chirac. Il est devenu cette année directeur général de l'OMC. Dernièrement Pascal Lamy a dû affronter les alter-mondialistes coréens au sujet de l'agriculture, puis s'entretenir avec José Bové de ce sujet sensible. Il a l'art, dit-on, de la négociation et de l'écoute. Auparavant, Pierre-Paul Schweitzer et Michel Camdessus s'étaient longtemps illustrés à la tête du FMI (Fonds monétaire international).

Antimondialisation et libéralisme

Étymologie/Définition/Histoire

Le mouvement anti-mondialiste peut être relié au pacifisme et à l'anti-impérialisme.

Le pacifisme : Le philosophe allemand E. Kant, un moderne et un idéaliste, a élaboré un projet très rigoureux de paix universelle. Sa pensée fut prolongée par Hegel. Au XXᵉ siècle, le philosophe allemand existentialiste Heidegger a fait la critique la plus radicale de la technique, qui joue dans les guerres contemporaines le rôle que l'on connaît.

L'anti-impérialisme : L'anti-impérialisme s'est développé au moment des guerres du Vietnam, au Nicaragua et lors des décolonisations des années 1960. Et 1989 a vu la dernière grande mobilisation anti-impérialiste, contre la dette. Depuis, les discours des intellectuels ont été dissous dans la « mondialisation ».

Sujet proposé

Les mouvements alter-mondialistes paraissent désorganisés. Peut-on parler alors de mouvement ? S'agit-il d'une alternative au néolibéralisme ?

Problématique proposée

Les alter-mondialistes s'opposent à la mondialisation du libéralisme économique. Les manifestations de Seattle et de Gênes apparaissent comme un âge d'or duquel est née l'association ATTAC. L'un des champs de bataille des anti-mondialistes réside dans la taxe Tobin (du nom de son inventeur) qui consiste à taxer d'un faible montant les spéculations boursières afin de les décourager. Les mouvements contestataires ayant de plus en plus de mal à manifester lors des sommets ou à les bloquer (Évian), ils s'expriment davantage dans leurs propres réunions (FSM : forum social mondial).

Depuis 2002, nous sommes passés du FSM au FSE (européen) et au FSA (asiatique). Le mouvement s'internationalise. Le FSM de Porto Alegre en 2003 a rassemblé 100 000 personnes et le FSE de Florence en 2002, 60 000. Les deux tiers des alter-mondialistes sont diplômés et il semble y avoir une majorité favorable à la non-formalisation des débats contre une minorité qui souhaite structurer davantage les organisations.

Depuis peu, le débat a pris une tournure politique.

L'antimondialisation occupe le débat depuis les années 1990 autour de thèmes économiques, culturels et sociaux. Depuis le 11 septembre 2001, le débat s'est politisé. Les thématiques contestataires dénoncent l'impérialisme américain à l'instar des mouvements opposés à la guerre du Vietnam dans les années 1960. La marche contre la guerre en Irak a rassemblé en 2003 à Florence 600 000 participants.

De plus, le contexte devient favorable à l'arrivée au pouvoir de mouvements politiques aux idées proches de celles des contestataires. Pierre Bourdieu a défendu la cause du mouvement social européen et on peut lire comme sous-titre à son ouvrage <u>Contre-Feux</u> « propos pour servir de résistance contre l'invasion néolibérale ». Au Brésil, l'arrivée au pouvoir du sociologue Lula (grande figure de Porto Alegre) s'est opérée avec le soutien du MST (mouvement des sans-terre). Le Brésil semble ainsi trouver une troisième voie entre réalisme économique et développement de lois sociales.

Conclusion

Les ONG progressent de façon très discrète au sein de l'antimondialisation. Lors du contre-sommet d'Évian, de nombreuses ONG étaient présentes. On peut citer des ONG proenvironnement comme Les Amis de la Terre ou Greenpeace, des ONG de défense des droits de l'Homme comme Amnesty International ou la Ligue des droits de l'Homme, des ONG d'aide caritative comme le Secours Catholique ou encore Act Up et Médecins du Monde.

Bibliographie : Pierre BOURDIEU, <u>Contre-feux</u>, Éditions Raisons d'Agir, 1998 et <u>Contre-feux 2</u>, Éditions Raisons d'agir, 2001.

Sujets voisins et leurs problématiques

« L'utilité de la contestation. »

La contestation ne s'appréhende que par opposition à un pouvoir établi, aussi diffus soit-il. Michel Foucault, outre le pouvoir politique, a identifié des pouvoirs « sans sommet » tels que l'école, la famille, le marché économique qui réclament également l'obéissance de l'individu. La rébellion peut sembler interminable tant les relais du pouvoir sont nombreux. Aussi peut-on se demander si la contestation libère vraiment du pouvoir ou si elle enferme les individus dans une nouvelle source de légitimation ? Autrement dit, à quoi sert la contestation si elle remplace un dogme par un autre ?

« Vaut-il mieux changer ses convictions ou changer le monde ? »

Se changer soi-même reste un désir accessible qui ne dépend que de notre volonté mais changer le monde revient à maîtriser des choses extérieures qui ne dépendent pas de nous. Aussi, Descartes dans son <u>Discours de la Méthode</u> préfère-t-il juguler ses désirs pour les adapter au monde en considérant que seules nos pensées sont en notre pouvoir. Toutefois, Descartes n'encourage-t-il pas le citoyen à se détourner de la politique ? En effet, si individuellement mieux vaut changer ses désirs que le monde, le groupe par contre n'a-t-il pas intérêt à construire une action concertée en vue d'essayer de changer l'ordre du monde ?

Citations utiles

« Celui qui a envie de contester, doit se garder de dire à cette occasion des choses que personne ne lui conteste. » Johann Wolfgang von Goethe, <u>Maximes et réflexions</u>.

« Être contesté, c'est être constaté. » Victor Hugo, <u>Tas de pierres</u>.

« Le libéralisme contemporain profite aux riches ; et à personne d'autre. » Gilbert Keith Chesterton, <u>Utopia of Usurers</u>.

« Le chemin de la sagesse ou de la Liberté est un chemin qui mène au centre de son propre être. » Mircea Éliade.

« Le Libéralisme a un parfum d'Anarchisme. » Bernard Beugnies.

Une notion à connaître

Pacifisme

Le pacifisme considère que toutes les guerres sont mauvaises. Il ne faut pas confondre « pacifiste » et « pacifique ». La France est un État pacifique qui a renoncé à attaquer les autres nations, mais elle n'est pas un État pacifiste qui a renoncé à se défendre ou à défendre un pays ami. Le pacifisme a des origines religieuses (le Christ n'a-t-il pas invité ses disciples à tendre l'autre joue ?) mais aussi humanistes et politiques. Bien que l'Église chrétienne ait développé la théorie de la « juste guerre » (voir GUERRE), des branches de la chrétienté, utopiques ou du moins fidèles au pacifisme, sont devenues des sectes telles que les Quakers ou les Témoins de Jéhovah. Les objecteurs de conscience incarnent également cet idéal qui prend une dimension plus individuelle de refus de servir dans les forces armées. Enfin, on ne peut clore ce paragraphe sur le pacifisme sans mentionner Gandhi dont les méthodes non violentes de lutte contre les Anglais en Inde ont influencé la pensée des pacifistes contemporains.

■ Actualité

Juin 2005

Un Accord historique conclu par le G7 sur l'annulation de la dette des pays pauvres

En juin 2005, les ministres des finances des pays les plus riches se sont réunis à Londres et ont décidé d'effacer la dette de 18 pays pauvres, dont le montant s'élevait à 40 milliards de dollars. Cette dette avait été contractée par les PPTE (pays pauvres très endettés) auprès du Fonds Monétaire International mais aussi de la Banque mondiale et de la Banque africaine du Développement.

ONG et politique

Étymologie/Définition/Histoire

Les Organisations Non Gouvernementales sont, en droit français, des associations régies par la loi de 1901. Leur objectif peut être sanitaire (Médecins sans frontières MSF ou la Croix-Rouge, prix Nobel de la paix), politique (Amnesty International) ou économique et social (les chiffonniers d'Emmaüs). En règle générale, elles tentent de compenser les inégalités et s'intéressent principalement aux populations du quart-monde ou du tiers-monde.

Sujet proposé

Les ONG restèrent dans la contestation depuis la guerre du Vietnam jusqu'à la chute du mur de Berlin. Puis, elles se concentrèrent sur l'action jusqu'aux attentats du 11 septembre 2001. Depuis cette date et la détermination d'un « axe du Mal » par l'administration Bush, il semblerait que les ONG se soient politisées. Peut-on parler d'une politisation croissante des ONG ?

Problématique proposée

La politisation des ONG peut sembler encouragée par les gouvernements.

Aux États-Unis, les associations financées même partiellement par des fonds fédéraux doivent se conformer aux directives de Washington. Pour intervenir dans les médias au sujet de la guerre en Irak, ces associations doivent au préalable obtenir une autorisation de l'USAID. Naomi Klein a même parlé de guerre contre les ONG. La remise en cause de l'indépendance et de la légitimité des organisations de la société civile aux États-Unis risque de provoquer une radicalisation de part et d'autre (par exemple à Seattle). Une société et un Institut proches du gouvernement Bush ont même créé un site Internet (NGOWatch) destiné à surveiller les ONG.

En France, au contraire, ce sont les idées des ONG qui pénètrent le gouvernement. Ce dernier a participé au financement de l'organisation du village pour le contre-sommet du G8 d'Évian. Les propositions de ce contre-sommet ont par ailleurs été transmises aux membres du G8 par le biais du Président Jacques Chirac. Ce dernier a déjà repris à son compte diverses propositions émanant d'ONG. comme, par exemple, la mise en place de la Taxe Tobin (ATTAC) ou l'arrêt de toutes les subventions aux exportations agricoles des pays industrialisés vers les pays africains.

Mais la politisation des ONG peut sembler désirée par les ONG elles-mêmes.

Les ONG ont évolué d'une culture de l'affrontement vers une culture de l'engagement. Les grandes ONG ont en effet commencé à pénétrer la nébuleuse contestataire. Le Sommet pour un autre Monde (contre-sommet du G8) comprenait parmi ses organisateurs Greenpeace, Amnesty International, La Ligue des Droits de l'Homme, Act up, Médecins du Monde ou encore le Secours Catholique. Les ONG ne se contentent plus d'agir et de compenser les injustices sociales, elles sont porteuses de cette spiritualité qu'avait prédite André Malraux.

L'idéologie en question : les ONG véhiculent des idées qui s'apparentent à une laïcisation du judéo-christianisme. On y retrouve les valeurs d'aide à son prochain, de tolérance, du don de soi et de l'enrichissement spirituel par l'autre. Plus nouveau, les ONG ont imposé le souci de l'environnement. De longue date, elles dénoncent le réchauffement de la planète dont les effets climatiques se manifestent tristement dans l'actualité (les inondations à Marseille, en septembre 2003).

Conclusion

Des enquêtes tendent à confirmer l'existence d'une spécificité française. En effet, les ONG contestataires y sont les plus influentes.

À Paris, la Croix Rouge n'arrive pas à faire face à la demande de soins (voir INÉGALITÉS).

Bibliographie : Philippe RYFMAN, Les ONG, Éditions La Découverte, 2004.

Sujets voisins et leurs problématiques

« Les idées ont-elles des frontières »

Le siècle des Lumières répandit l'universalisme et le cartésianisme en considérant que tous les Hommes étaient égaux car tous doués de raison. Le XXe siècle au contraire a reconnu le particularisme culturel grâce notamment aux œuvres de Claude Lévi-Strauss. Considérer le mode des idées comme universel devient désormais presque suspect et les humanistes contemporains pourraient être accusés de vouloir imposer leurs vues au monde. Peut-on avec Descartes considérer que la raison est universelle ou bien doit-on admettre le relativisme culturel ? Si les idées ont des frontières qu'advient-il du projet de paix kantien basé sur l'universalité de la raison ?

Sujet ENM 2003 : Commentez cette citation de Isaac Newton : « Les hommes construisent trop de murs et pas assez de ponts. »

La muraille de Chine, le mur d'Hadrien, de tout temps l'homme s'est enfermé dans l'enceinte d'une forteresse pour se protéger des envahisseurs extérieurs. Parallèlement, le mur a également servi de support à l'expression picturale, depuis les peintures rupestres préhistoriques jusqu'à l'art mural des brigades chiliennes en passant par la peinture de Combas ou de Némo sur les murs de Paris. Ne peut-on pas dire que les murs construits par les uns ont été transformés en ponts par les autres ?

Citations utiles

« L'Éternité, l'Égalité et la Liberté sont des droits, la Fraternité est une obligation morale. » Jacques Attali, <u>Fraternités – Une nouvelle utopie</u>.

« La fraternité est ce qui distingue les humains. Les animaux ne connaissent que l'amour. » Jean Guéhenno.

« La fraternité bannit la volonté de puissance, et le service la tentation du pouvoir. » Jean-Paul II.

« J'ai rêvé d'un monde de soleil dans la fraternité de mes frères aux yeux bleus. » Léopold Sédar Senghor.

« L'égoïsme et la haine ont seuls une patrie ; la fraternité n'en a pas ! » Alphonse de Lamartine, <u>La Marseillaise de la paix</u>.

Une notion à connaître

La taxe Tobin

Du nom de son inventeur James Tobin, cette taxe, proposée dès 1972, vise à imposer tous les transferts de capitaux pour freiner la spéculation. L'association ATTAC (Association pour la taxation des transactions pour l'aide aux citoyens) milite en faveur de la taxe Tobin depuis sa création.

James Tobin (1918-2002) a obtenu le Prix Nobel de Sciences économiques en 1981.

Approfondissement ou élargissement de l'Europe

Étymologie/Définition/Histoire

De la Mythologie grecque, *Europa*, déesse orientale.

Sujet proposé

Approfondir, c'est superposer à l'Europe économique une Europe sociale et politique avec, par exemple un droit du travail développé. Élargir consiste à augmenter le nombre de consommateurs dans une zone protégée et donc à renforcer l'économie de l'Union. Peut-on élargir et approfondir en même temps l'Europe ? Ou l'un se fait-il au détriment de l'autre ?

Problématique proposée

Traditionnellement, on oppose les partisans de l'approfondissement de l'Europe et les partisans de l'élargissement.

À l'occasion de l'entrée dans l'Europe de dix nouveaux États membres (réalisée le 1er mai 2004), les camps entre les partisans de l'approfondissement et ceux de l'élargissement se sont une nouvelle fois opposés. L'élargissement a l'avantage politique de mettre une fois par mois autour d'une même table vingt-cinq pays. Ces rencontres favorisent la discussion et le maintien de la paix sur un continent fragile comme l'a montré la guerre au sein de l'ex-Yougoslavie. Les partisans de l'approfondissement estiment que l'Europe telle qu'elle est favorise le système néolibéral et freine le développement du droit social. L'élargissement par exemple ouvrirait la porte aux délocalisations en fournissant une main-d'œuvre meilleur marché. Par ailleurs l'élargissement alourdirait le processus de négociation. Mieux vaudrait donc approfondir les institutions existantes en développant ce que Pierre Bourdieu appelait l'Europe sociale, avec des lois protégeant le droit des travailleurs.

Mais on distingue également désormais deux Europe : la vieille Europe et la nouvelle Europe. La vieille Europe s'était construite après la Deuxième Guerre mondiale autour du « plus jamais ça ». La nouvelle Europe s'unit autour de la crainte d'être de nouveau victime de l'impérialisme russe, ou encore face à la superpuissance américaine et aux menaces terroristes.

L'Europe des citoyens pourrait être le lieu de rencontre entre approfondissement et élargissement.

Il y a cinquante ans, l'Europe à vingt-cinq n'aurait pas été possible. Le 1er mai 2004 symbolise la fin de la division de Yalta (pacte de Varsovie 1955, dissous à Prague en 1991). Aujourd'hui, l'Europe unie étend ses frontières jusqu'à l'ex-Union soviétique dont une partie du territoire jouxte les trois États baltes. Et ce sont précisément les pays de l'Europe de l'Est qui attendent de l'Union Européenne une conscience politique. Ainsi, tous unis autour de l'Ukraine, ces pays ont demandé à l'Union Européenne de soutenir un troisième tour aux élections ukrainiennes en 2004 (Viktor Iouchtchenko, la « révolution orange ») et de s'opposer à Vladimir Poutine. Au moment des soixante ans d'anniversaire de la libération du camp d'Auschwitz (2005) une conscience unie européenne prend forme pour admettre que c'est sur son sol, d'Est en Ouest, que l'Holocauste a eu lieu.

Entre l'approfondissement social et l'élargissement néolibéral se trouve l'Europe des citoyens. Valéry Giscard d'Estaing a présidé la Convention chargée de rédiger la première Constitution européenne. Ainsi, auparavant avait été élaborée la charte des droits fondamentaux (Nice, décembre 2000) et elle est désormais inscrite dans le traité Constitutionnel de l'Union. La citoyenneté européenne aura donc une réalité juridique qui s'imposera au droit interne par le truchement de la hiérarchie des normes. Il s'agit d'un

138

texte de compromis non seulement entre les pays membres mais aussi entre des partis opposés. Le projet de Constitution est actuellement bloqué (résultat négatif du référendum, en France, le 29 mai 2005). Mais au moins la Convention a-t-elle le mérite d'exister. Car toujours et partout, les Constitutions ont construit la citoyenneté. Au XVIIIe siècle par exemple, la Constitution américaine fut ratifiée par des États dont la population ne parlait pas la même langue. Déjà, les accords de Schengen de 1995 ont profité au peuple, dans la mesure où le contrôle aux frontières a disparu et, avec lui, des kilomètres d'embouteillages.

Conclusion

La déesse Europa orientale retrouve son sens mythique avec la candidature de la Turquie pour intégrer l'Europe. Ce pays sert actuellement de « zone tampon » entre l'Europe et l'Orient. Chypre désormais relie la Turquie et les pays de l'Union. Mais le conseil de Copenhague a fixé des critères d'adhésion conditionnels dont celui du respect des droits de l'Homme. L'Europe pourrait-elle accepter un pays à majorité musulmane (voir RELIGION) ? Pour Hélène Carrère d'Encausse, la Russie est davantage européenne que la Turquie. Pour Voltaire ou Diderot, la Russie faisait partie de l'Europe. Il en va évidemment de même pour la Biélorussie, la Moldavie et l'Ukraine. La formule du général de Gaulle pourrait redevenir d'actualité : « l'Europe, de l'Atlantique à l'Oural. »

Bibliographie : Hélène Carrère d'Encausse, <u>Le Pouvoir confisqué</u>, Éditions Flammarion, 1990.

Sujets voisins et leurs problématiques

« L'unification européenne : rêve ou réalité ? »

Beaucoup ont vu dans la chute du mur de Berlin et l'effondrement de l'Empire soviétique l'espoir de la paix retrouvée autour d'une Europe unie. Pourtant, un certain désenchantement s'est fait jour au sein des peuples comme en témoigne le rejet par la France du Traité établissant une Constitution pour l'Europe (référendum du 29 mai 2005). L'unification économique et monétaire européenne est réalisée et on en est aujourd'hui à se poser des questions sur l'extrême limite de sa géographie. Mais peut-on se contenter d'une unification économique des pays européens ? L'unification ne passe-t-elle pas par la mise en commun d'un projet politique, ce qui nous ramènerait à l'élaboration d'un projet de Constitution ?

« L'Europe dans le monde actuel. »

Depuis son passage à une monnaie unique, l'Europe a su confirmer sa place au sein de l'économie mondiale, face au dollar (le net renforcement de l'euro face au dollar en témoigne). Politiquement, par contre, l'épisode des Balkans à la fin du XXe siècle a montré à quel point les pays membres s'avéraient incapables de parler à l'unisson et encore moins prendre les décisions qui s'imposaient pour maintenir la paix sur leur propre territoire. Alors que les États-Unis ont transformé les cinquante États qui les composent en une seule nation, on peut se demander si l'Europe ne doit pas en faire de même pour s'intégrer dans un monde où des zones régionales se constituent.

Citations utiles

« Nous aurons ces grands États-Unis d'Europe, qui couronneront le vieux monde comme les États-Unis d'Amérique couronnent le nouveau. » Victor Hugo, <u>Actes et paroles</u>.

« L'Europe doit respirer avec ses deux poumons : celui de l'est et celui de l'ouest. » Jean-Paul II.

« L'Europe serait presque faite si les Français restaient chaque jour une heure de moins au bistrot et les Allemands une heure de plus au lit. » Jean Mistler, <u>Bon poids</u>.

« Les lois, les fiscalités, les coutumes, les langues sont différentes. L'euro, c'est désormais le plus petit dénominateur commun de l'Europe. » Jacques Séguéla, <u>Les Échos</u>, 17 octobre 2001.

« Les pauvres sont les nègres de l'Europe. » Chamfort.

L'essentiel d'un livre
Contre-feux 1998

Contre-feux, Pierre Bourdieu, 1998

« Bref, à l'Europe monétaire destructrice des acquis sociaux, il est impératif d'opposer une Europe sociale fondée sur une alliance entre les travailleurs des différents pays européens capables de neutraliser les menaces que les travailleurs de chaque pays font peser, à travers un dumping social notamment, sur les travailleurs des autres pays ».

L'essentiel d'un livre
Être Européen aujourd'hui, 2001

Être Européen aujourd'hui, Laurence D'Andlau, 2001

Que fait l'Europe ? Quelles sont les conséquences pour nous ? En quoi sommes-nous concernés ? Que va-t-il se passer demain ? Quels sont les problèmes auxquels nous allons être confrontés ?

L'Europe nous semble lointaine et pourtant elle a déjà changé beaucoup de choses dans notre vie quotidienne. L'Europe nous inquiète. On a l'impression que l'Europe est une entité abstraite qui prend des décisions et nous les impose. L'Europe nous fait peur et les idées reçues sont légion. Grâce à son expérience d'une quinzaine d'années en tant que conférencière auprès de publics variés, l'auteure a rassemblé les questions reflétant les préoccupations et les anxiétés les plus diverses. Ses recherches ont démontré que les Français avaient besoin d'obtenir des explications claires et simples, dépouillées du jargon communautaire, et qu'ils désiraient avant tout être rassurés sur le devenir de leur identité nationale.

Parce que l'Europe concerne notre avenir, nous devons savoir ce qui nous attend. L'objet de ce livre est de répondre à toutes nos questions, de la plus simple à la plus pointue.

■ Actualité

Le non français au référendum européen, juillet 2005

Les Français ont rejeté le projet de Traité établissant une Constitution pour l'Europe avec 55 % de voix contre soit environ trois millions de voix en plus que le oui. Voici le résultat d'un sondage d'Ipsos « sortie des urnes » :

– personnes gagnant plus de 4 500 euros par mois : 76 % ont voté oui

– parmi celles gagnant moins de 2000 euros : 37 % seulement ont voté oui.

– parmi les diplômés des grandes écoles, doctorants, titulaires de DEA ou de DESS : 70 % ont voté oui,

– parmi les personnes sans diplôme : 28 % seulement ont voté oui.

Programmes européens

Erasmus Mundus = Mobilité des étudiants du supérieur (Master)

FED = Fonds Européen du Développement

Galiléo = futur système de navigation par satellites (siège social à Toulouse)

Léonard de Vinci = Mobilité et Éducation

Socrate = Mobilité et Éducation, tout acteur et tout niveau de formation (dominante linguistique)

La hiérarchie des sources du droit communautaire

Le droit communautaire a permis l'intégration européenne en développant un dispositif juridique plus contraignant que le droit international. Ce système institutionnel comprend d'une part les traités proprement dits et d'autre part les actes communautaires.

Ces actes communautaires (expression de la volonté du Conseil) se subdivisent en règlements, directives, décisions, recommandations et avis. Le règlement est un acte à caractère obligatoire, directement applicable dans tous les États membres sans qu'il soit besoin pour ces derniers de légiférer. Le Conseil et la Commission, par des directives, fixent des objectifs à atteindre. Les États membres ont l'obligation de réaliser ces objectifs dans un certain délai en adoptant ou en modifiant des dispositions nationales. Les décisions s'avèrent plus ciblées et sont obligatoires pour les destinataires désignés (État membre, entreprise ou particulier). Les recommandations et avis pour leur part n'ont aucun caractère contraignant.

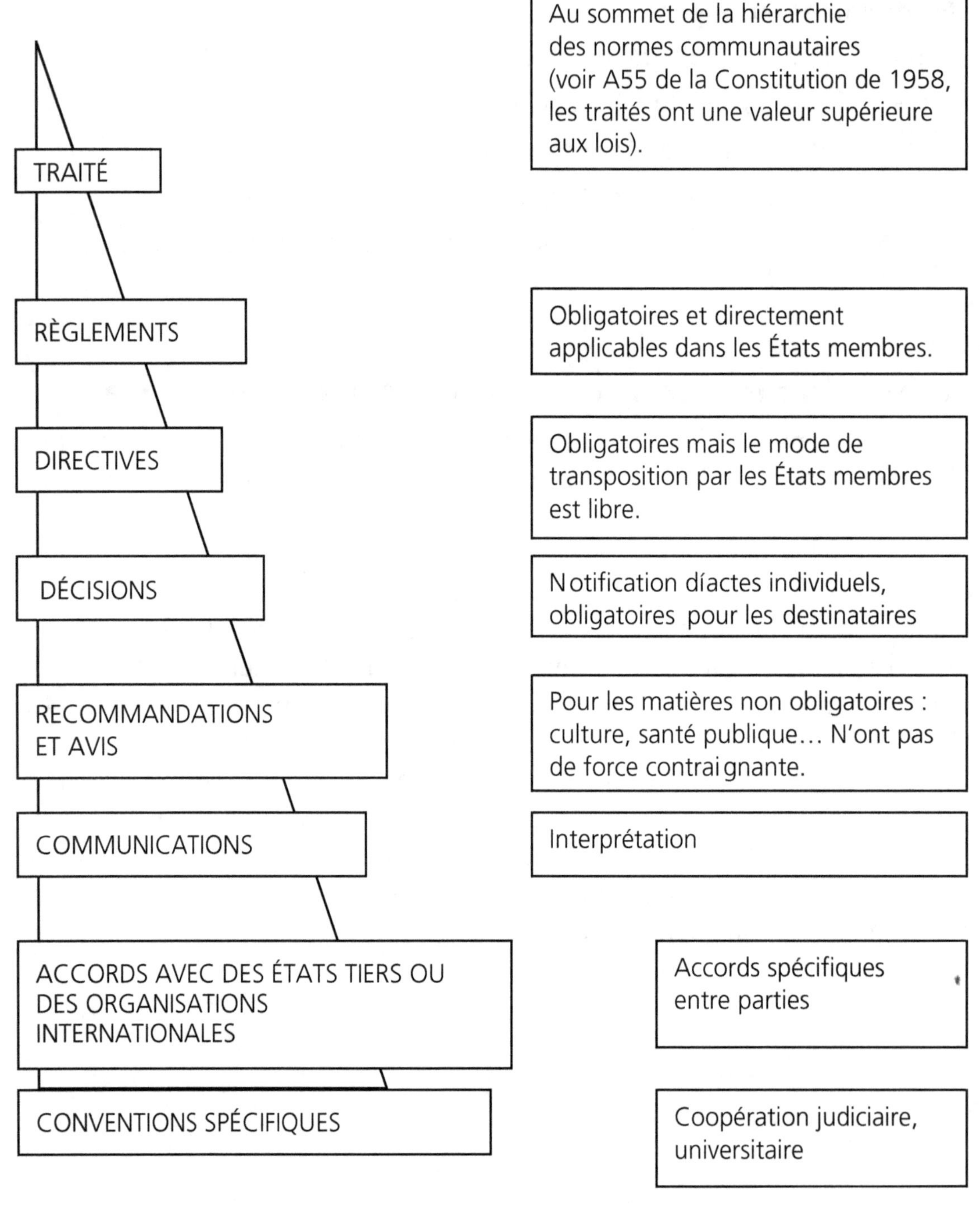

TRAITÉ
RÈGLEMENTS
DIRECTIVES
DÉCISIONS
RECOMMANDATIONS ET AVIS
COMMUNICATIONS
ACCORDS AVEC DES ÉTATS TIERS OU DES ORGANISATIONS INTERNATIONALES
CONVENTIONS SPÉCIFIQUES
Au sommet de la hiérarchie des normes communautaires (voir A55 de la Constitution de 1958, les traités ont une valeur supérieure aux lois).
Obligatoires et directement applicables dans les États membres.
Obligatoires mais le mode de transposition par les États membres est libre.
Notification d'actes individuels, obligatoires pour les destinataires
Pour les matières non obligatoires : culture, santé publique… N'ont pas de force contraignante.
Interprétation
Accords spécifiques entre parties
Coopération judiciaire, universitaire

L'organisation du fonctionnement de l'Union européenne telle que proposée par le projet de constitution

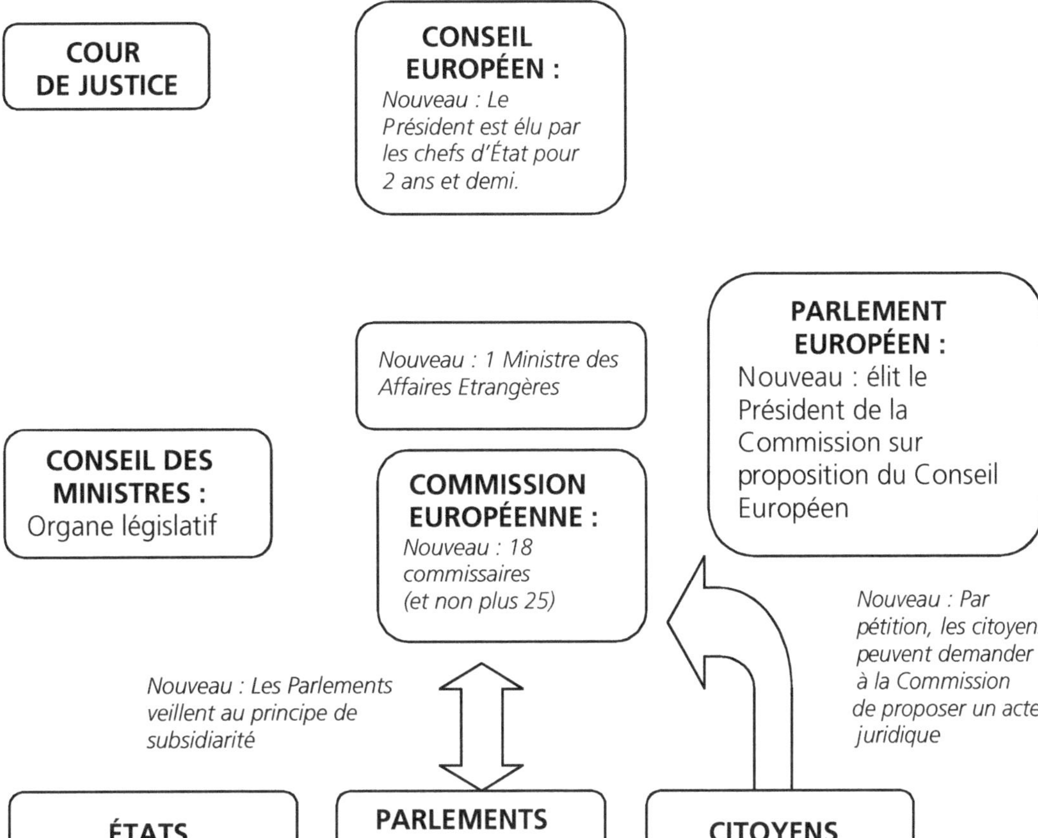

La fin des États-nations

Étymologie/Définition/Histoire

Du latin *nascor*, naître. Depuis le XVIIIe siècle, la nation désigne l'ensemble des citoyens qui désirent vivre ensemble. La nation révolutionnaire déracine l'individu et s'oppose donc à son sens étymologique d'enracinement.

Sujet proposé

Un État peut-il s'imposer par la force à la nation ? La nation est-elle la forme ultime d'organisation d'une société ?

Problématique proposée

Les États-nations doivent faire face aux petites entités.

Après la déroute d'Iéna et l'occupation napoléonienne, la notion de *Volksgeist* se répandit en Allemagne. D'un côté la France, pour justifier son hégémonie, répandait les valeurs universalistes de la Révolution française, de l'autre les penseurs et juristes allemands (Herder, Goethe) concevaient l'architecture de l'idée de Germanité. C'est l'affaire Dreyfus qui, en France, permit l'affrontement des deux visions européennes de la nation, celle du sang et celle du contrat. En 1926, Julien Benda dénonça dans <u>La trahison des clercs</u> l'esprit local des intellectuels. Barrès et Maurras avaient supplanté

Renan. L'anthropologue Vacher de Lapouge alla même jusqu'à déterrer des crânes dans un cimetière de l'Hérault pour démontrer que « L'individu est écrasé par sa race, il n'est rien. La race, la nation sont tout ». Ainsi, il existe un premier modèle « naturaliste » de la nation (J. Leca) qui se veut communautariste. Elle privilégie le *jus sanguinis*, la tradition et les relations de proximité.

Ce communautarisme peut même entrer en concurrence avec la nation. La France, la Grande-Bretagne et l'Espagne connaissent des troubles à cause de groupes qui affirment par la violence leur identité. Le préfet Érignac a été abattu en Corse par le FLNC. En Espagne, l'E.T.A. commet régulièrement des attentats meurtriers, ce qui a amené la population civile à défiler dans les rues de San Sébastien. Avec l'Europe cependant, la région basque espagnole voit une chance de gagner son autonomie et même son unification avec le pays-basque français.

Mais les États-nations semblent désormais absorbés dans de grands ensembles.

En 1774, le prestige de la pensée des Lumières rayonnait jusqu'à la Prusse de Frédéric II (les despotes éclairés). Voltaire notamment défendit l'idée d'une victoire progressive de la raison sur la coutume et les préjugés. Le progrès des lumières apparaissait comme un mouvement lent mais continu de la civilisation. En 1789, la nation révolutionnaire se définit par l'égalité de ses membres. Sieyès dans <u>Qu'est-ce que le Tiers-État ?</u> écrivit « La nation est un corps d'associés sous une loi commune et représentés par la même législature ». En s'associant, les individus composant la nation abolissaient la division en ordre de la société.

Pour le philosophe allemand Oswald Spengler (1880-1936), dans <u>Le déclin de l'Occident</u> en 1916, ce ne sont pas les nations qui constituent l'unité culturelle de base, mais les civilisations. Il méprise la myopie nationaliste et perçoit un mouvement de l'Histoire dans l'affrontement entre huit grandes cultures : égyptienne, babylonienne, chinoise, hindoue, grecque antique, arabe, occidentale et maya. Il perçoit surtout le déclin de tous ces empires comme un destin inéluctable (la grandeur puis la décadence). Le réalisateur Georges Lucas met en parallèle dans « *La revanche des Sith* » notre époque et celle de la fiction de <u>La Guerre des étoiles</u>. Anakin devient Dark Vador de la même façon que les nations se transforment en Empire. Cette fiction émet l'hypothèse que seule l'aristocratie (les Jedi, la princesse) qui trouve un intérêt dans l'ancien système refuse l'élargissement. De plus en plus en effet, pour résister à la mondialisation, les nations doivent s'intégrer dans des régions du monde comme l'Europe, l'ALENA, l'ASEAN et le MERCOSUR. Il s'agit de vastes zones de libre-échange, unifiées à l'intérieur et protégées de l'extérieur.

Conclusion

De nos jours, on peut opposer les États-Nations nés après la période révolutionnaire aux jeunes nations des pays de l'Est issues de l'effondrement de l'empire soviétique. Ces États à la souveraineté récente ne craignent cependant pas pour leur identité d'être absorbée dans l'Union Européenne, voyant en celle-ci un rempart aux convoitises du voisin russe.

Bibliographie : J. LECA « Nationalité et citoyenneté dans l'Europe des immigrations » *in* <u>Logiques d'État et immigration</u>, Éditions Kimé, 1992.

Sujets voisins et leurs problématiques

« L'indépendance nationale dans le monde actuel. »

L'indépendance de la nation implique la non-intervention des pays tiers dans la politique intérieure de ladite nation. Il semblerait que cette souveraineté externe rencontre des limites. La première réside dans la guerre et la déstabilisation de l'ordre mondial. On se souvient d'abord de l'intervention de l'ONU en Irak en 1991 après l'invasion du Koweït par les troupes de Saddam Hussein, détenteur de ressources pétrolières. Mais nous trouvons aussitôt un contre-exemple avec la Russie qui s'enlise dans le conflit tchétchène pour garder le contrôle des oléoducs. Ainsi, l'indépendance nationale dépend d'une part de la force de frappe dont dispose le pays, d'autre part des intérêts internationaux qui sont en jeu.

Doit-on, avec Bernard Kouchner, appeler de nos vœux un devoir d'ingérence qui obligerait la Communauté internationale à intervenir pour défendre les populations ?

« Le nationalisme a-t-il, selon vous, un avenir ? »

On avait pu espérer voir, après la Seconde Guerre mondiale, décliner les nationalismes qui avaient conduit l'Europe au chaos. Les années 1990, cependant, ont vu la résurgence de nationalismes de divers types dans le monde entier. On peut citer notamment la sécession des pays baltes avec l'Union soviétique en 1991, la question du statut du Québec au Canada ou encore les bons résultats aux élections législatives du Scottish National Party, en Écosse en 1999. Si, dans les cas précités, l'action juridique a été préférée à la violence, certaines crispations identitaires, en Serbie, en Algérie ou au Kosovo, ont aisément conduit aux conflits. Le nationalisme n'est-il que la « maladie infantile » des nations ? Autrement dit, n'est-il qu'une étape à la constitution de l'identité nationale des États ?

Citations utiles

« Ce qui constitue une nation, ce n'est pas de parler la même langue, ou d'appartenir à un groupe ethnographique commun, c'est d'avoir fait ensemble de grandes choses dans le passé et de vouloir en faire encore dans l'avenir. » Ernest Renan, Qu'est-ce qu'une nation ?

« Toute nation a le gouvernement qu'elle mérite. » Joseph de Maistre, Considérations sur la France.

« Les nations libres sont des nations policées. » Montesquieu.

« L'armée est une nation dans la nation ; c'est un vice de nos temps. » Alfred de Vigny, Servitude et grandeur militaires.

« Ce n'est pas la mondialisation qui dissout les nations, mais l'autodissolution des nations qui produit la mondialisation. » Emmanuel Todd, L'illusion économique.

« Les nations pauvres, c'est là où le peuple est à son aise ; les nations riches, c'est là où il est ordinairement pauvre. » Comte de Destutt de Tracy.

« Nous déclarons... nul et non avenu le pacte qui dispose de nous sans notre consentement ». Les députés d'Alsace et de Lorraine en 1870.

> « *On n'a pas le droit d'aller par le monde tâter le crâne des gens puis de les prendre par la gorge en leur disant : « Tu es de notre sang, tu nous appartiens ! »* Ernest Renan.
>
> (Le contrat social) « *suppose des hommes nés à vingt ans, sans parents, sans passé, sans tradition, sans obligation, sans patrie... »* Hippolyte Taine.

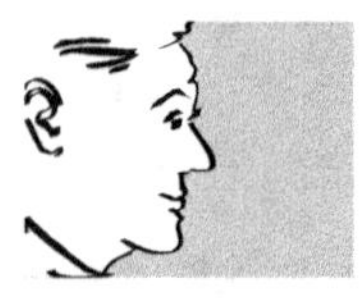

L'essentiel sur un auteur
Alain FINKIELKRAUT (1949-)

Né en 1949 à Paris, A. Finkielkraut est comme A. Glucksmann un ancien élève de l'École Normale Supérieure de Saint-Cloud et enseigne aujourd'hui à l'École Polytechnique. Agrégé de lettres modernes, il a collaboré avec Pascal Bruckner à la rédaction du Nouveau désordre amoureux (1977), un ouvrage à l'écriture ludique et qui liste l'ensemble des modèles amoureux proposés par les sociétés occidentales.

En 1987, il publie La défaite de la pensée et souligne le déclin de toutes nos valeurs à force de relativisme. Ainsi par exemple, le beau fait place au joli et on compare une œuvre d'art (par exemple une peinture de P. Picasso) avec une œuvre cinématographique. L'auteur explique surtout comment même en France, jusqu'en 1870, le contrat social fut perçu par certains comme une mythologie. Après la conquête de l'Alsace-Lorraine cependant, les députés d'Alsace et de Lorraine réaffirmèrent solennellement leur fidélité à la France, revenant ainsi à l'idée de contrat. D'un concept, l'idée de nation devint une expérience.

Les modèles « artificialiste » et « naturaliste » de la nation

C'est J. Leca, professeur de sciences politiques à l'IEP de Paris et spécialiste des questions d'immigration, qui a développé les deux notions d'artificialisme et de naturalisme.

Ces deux visions de la nation s'ancrent dans deux perceptions opposées de l'état de nature. Les révolutionnaires (artificialistes) qui avaient repris à leur compte l'idée du contrat social se référèrent au mythe rousseauiste du pacte primordial, à l'origine de toute société.

À l'opposé, Joseph de Maistre (naturaliste) et avec lui les défenseurs de la tradition martelèrent qu'il n'y avait jamais eu d'état de nature ni de contrat. Pour les traditionalistes, l'Homme ne précède pas la société qui ne procède pas d'un pacte entre tous les hommes. C'est au contraire l'Homme qui naît d'une société donnée.

On peut opposer ainsi les nationalistes universalistes aux nationalistes traditionalistes.

Les universalistes d'une part élaborèrent un modèle « artificialiste » de la nation engendré par les Lumières. Pour eux, toutes les nations sont le terreau fertile d'une civilisation aux lois universelles. Les nationalistes traditionalistes d'autre part insistèrent sur les particularismes nationaux.

Souveraineté et mondialisation

Étymologie/Définition/Histoire

Du latin médiéval : *superanus* (de la préposition « super » : au-dessus). « Pouvoir de droit originaire et suprême » (Laferrière) reconnu à l'État. Jean Bodin au XVIe siècle pose que la singularité de l'État se trouve dans sa souveraineté. On distingue habituellement la souveraineté interne de la souveraineté externe.

- souveraineté interne : exclusivité des compétences de l'État sur le territoire national,
- souveraineté externe : indépendance de l'État vis-à-vis des puissances étrangères.

Sujet proposé

L'État peut-il encore être défini par la souveraineté ?

Problématique proposée

L'État semble être dessaisi de sa souveraineté interne comme externe.

Les critères objectifs de la souveraineté sont constitués par la monnaie, l'intangibilité des frontières et l'indépendance des lois. Or, ces trois critères ne sont plus valables depuis l'intégration européenne. L'intégration européenne a progressivement dépossédé les divers États-Nations qui la composent d'une partie de leur souveraineté. Ainsi, les monnaies nationales ont disparu au profit de l'Euro. Les accords de Schengen (26 mars 1995) de plus ont fait disparaître les frontières douanières et permis la libre circulation des travailleurs. Enfin, 90 % des lois des pays membres de l'Union Européenne proviennent du droit européen dérivé.

Le libéralisme s'est considérablement développé à travers le monde. Francis Fukuyama a même parlé à ce sujet de <u>La fin de l'Histoire</u>. De nos jours, ce sont les actionnaires des entreprises qui détiennent des parts du capital social de la société. Les actionnaires peuvent être des personnes morales ou des personnes physiques, nationales ou internationales. Ainsi, la société mère ou le holding, bien que situés à l'étranger, contrôlent leurs filiales partout dans le monde. Par conséquent, l'internationalisme est par conséquent économique avant de devenir peut-être un jour politique et social. Le dumping social constitue l'aspect négatif de cette mondialisation.

Mais cette perte de souveraineté s'opère au profit du rapprochement des peuples.

Le 25 mars 1957, le Benelux, la France, l'Italie et l'Allemagne signèrent le traité de Rome et mirent en commun les matières premières nécessaires à l'armement. Le but avoué de ce traité fut de maintenir une « paix perpétuelle » en Europe. Malgré l'épisode balkanique ultérieur, on doit admettre que ce traité a favorisé dans l'Europe entière le rapprochement des peuples, allemands et français par exemple.

Le droit d'ingérence existe en droit international lorsqu'il fait suite à un appel à l'aide de l'État concerné. Cela fut le cas en 1991 au moment de la première guerre du Golfe. Le Koweït, envahi par l'Irak, avait appelé à l'aide la communauté internationale. À cette occasion, Bernard Kouchner avait lancé l'idée d'un devoir d'ingérence en faveur des populations opprimées. Il semblerait que progressivement l'idée de solidarité entre les peuples l'emporte sur celle d'intangibilité des frontières.

Conclusion

La Chine, le Pakistan, les États-Unis, l'Europe, qui tous possèdent l'arme nucléaire, semblent à l'abri de l'ingérence. Il s'avère nécessaire de développer les organisations internationales pour le maintien de la paix (voir PAIX).

Bibliographie : CARRE DE MARLBERG, <u>Contribution à la théorie générale de l'État</u>, Éditions Dalloz, 2003, Philippe MOREAU DEFARGES, <u>Droits d'ingérence dans un monde post-2001</u>, 2006

Sujets voisins et leurs problématiques

Sujet MINEFI 2004 (Concours externe d'inspecteur stagiaire du Trésor Public) : « Le développement durable : nécessité ou utopie ? »

L'investissement « éthique » est né aux États-Unis dans les années 1920 et ne s'est développé en France que depuis une quinzaine d'années. Il fut le produit d'une rencontre entre l'écologie et la religion d'une part et l'économie d'autre part. Il s'agit soit de fonds socialement responsables soit de fonds de partage ou fonds solidaires Des agences de notation classent les entreprises selon l'impact de leur activité sur l'environnement, les conditions de travail au sein des entreprises, la qualité du produit (certification biologique), en Occident comme dans les économies émergentes et en transition.

Puisque c'est l'éthique voire la religion qui a pu motiver historiquement le développement de fonds responsables ou solidaires, il semblerait juste de penser que le développement durable est une utopie. Mais si nous songeons aux changements climatiques, à l'extinction de la forêt amazonienne et donc à la fin programmée de l'espèce humaine nous pouvons légitimement nous demander si le développement durable n'est pas avant tout une nécessité.

Sujet MEN 2005 (Concours externe d'A.A.S.U.) : « La mondialisation est-elle une menace ou une chance pour le citoyen ? »

Deux points de vue s'affrontent dans la dialectique qui tourne autour de la mondialisation. D'abord celui de Francis Fukuyama qui décrit le mouvement de l'Histoire comme la victoire des démocraties sur les dictatures. D'autre part celui du mouvement ATTAC qui dénonce l'abdication de ces dites démocraties devant le diktat imposé par les « marchands ». Pour les uns, la mondialisation a libéré la femme africaine de la mutilation, pour les autres la mondialisation oppresse le travailleur. Mais doit-on parler de la mondialisation au singulier ? La mondialisation ne peut-elle pas être pensée et donc orientée selon les vœux du citoyen ? Dans ce cas, n'est-il pas possible, en tenant compte des reproches qui lui sont faits, de transformer ses menaces en avantages ?

Citations utiles

« *Quand le peuple sera intelligent, alors seulement le peuple sera souverain.* » Victor Hugo, <u>Littérature et philosophie mêlées</u>.

« *La vérité et la justice sont souveraines, car elles seules assurent la grandeur des nations.* » Émile Zola, <u>La vérité en marche</u>.

« *Le peuple est un souverain qui ne demande qu'à manger : sa majesté est tranquille, quand elle digère.* » Rivarol, <u>Rivaroliana</u>.

« *Il y a plus de chances de rencontrer un bon souverain par l'hérédité que par l'élection.* » Napoléon Bonaparte, <u>Maximes et pensées</u>.

« *Le pouvoir de tout modifier souverainement est dans notre volonté.* » William Shakespeare, <u>Othello</u>.

La souveraineté limitée

Doctrine Brejnev 1968 : Le premier secrétaire du parti communiste de l'Union soviétique considéra que les démocraties populaires en Europe n'étaient pas libres de leurs choix. La doctrine Brejnev fut abandonnée par M. Gorbatchev (glasnost et perestroïka de 1985) et à cause des transformations de l'Europe centrale en 1990.

La Souveraineté nationale

Article 3 de la Constitution de 1958 : « La souveraineté nationale appartient au peuple ». Théorie affirmée dans la Déclaration des droits de l'Homme et du citoyen du 26 août 1789 par opposition à la souveraineté de droit divin. Tout pouvoir émane de la nation perçue comme personne morale distincte des individus. Il en découle que tout mandat impératif est nul (article 27 de la Constitution de 1958).

La Souveraineté populaire

Pensée rousseauiste selon laquelle chaque individu demeure le bénéficiaire d'une fraction de la souveraineté (Constitution de 1793). Cette souveraineté implique la démocratie directe et explique le mandat impératif.

L'Ingérence

La Charte des Nations Unies protège les États contre toute immixtion d'un autre État grâce au principe de non-ingérence. Par contre, si un État membre de l'ONU lance un « appel à l'aide », alors la communauté internationale peut intervenir en toute légalité. C'est ce principe qui a été appliqué lors de la première guerre du Golfe, le Koweït envahi par l'Irak ayant lancé un « appel à l'aide ». Le 5 avril 1991, à la suite du conflit du Golfe, le Conseil de Sécurité adopta la résolution 688 qui permit l'accès immédiat des organismes humanitaires sur l'ensemble du territoire irakien. Bernard Kouchner vit dans ce devoir d'assistance un « devoir d'ingérence ».

Les guerres modernes

Étymologie/Définition/Histoire

Du germanique *werra*. Lutte armée entre États, entraînant l'application de règles particulières dans l'ensemble de leurs rapports mutuels.

Sujet proposé

Peut-on opposer les guerres traditionnelles aux guerres modernes ?

Problématique proposée

Les guerres traditionnelles ont surtout concerné les vieux États-nations.

Les identités nationales se construisent dans l'opposition à un ennemi commun. Ainsi, les députés alsaciens réaffirmèrent leur appartenance à la France en 1871 au moment de l'annexion de l'Alsace par l'Allemagne. Les vieux États qui constituent aujourd'hui les États-nations du continent n'éprouvent plus le désir d'entrer en guerre, leur souveraineté étant confirmée par des traités internationaux.

La prolifération des armes de destruction massive : on distingue les armes biologiques et bactériologiques (convention de 1972) des armes chimiques (convention de 1993). Les premières sont porteuses de virus et de germes. Elles ont notamment été utilisées par le Japon pendant la Seconde Guerre mondiale (bacilles de la peste). Elles sont faciles à fabriquer, avec un faible coût. Les secondes ont été utilisées dès la Première Guerre mondiale par les Allemands. Puis, Saddam Hussein s'en est servi en 1988 contre les Kurdes. Enfin, nous pouvons citer le déversement de gaz sarin par la secte Aoun en 1995 dans le métro de Tokyo.

Récemment, le génocide du Rwanda a été perpétré à coups de machettes afin d'« économiser les balles ». Ce n'est donc pas l'arme qui fait le crime mais bien l'intention criminelle.

Aujourd'hui, on parle surtout de guerres ethniques ou de guerres de religion. Ces dernières années, les CFI (conflits de faible intensité) se sont multipliés.

Depuis l'effondrement de l'URSS (1991) les anciens pays satellites ont des revendications nationales au nom du « droit des peuples à disposer d'eux-mêmes ». Ce concept avait été élaboré au moment des décolonisations de l'après Seconde Guerre mondiale. Tandis que la Slovéquie et la République Tchèque ont trouvé ensemble une solution pacifique, l'ex-Yougoslavie s'est enlisée dans une seconde guerre des Balkans au risque de déstabiliser le continent. Au Rwanda en 1994, les Hutus extrémistes ont planifié et orchestré le génocide des Tutsis et des opposants hutus minoritaires. Un appel radio a donné le départ à un massacre qui, en cent jours, allait causer la mort de 600 000 à un million de personnes (soit 6 000 à 10 000 crimes par jour).

Depuis l'attentat perpétré par Al Kaïda sur les Twin Towers (11 septembre 2001), l'ennemi n'est plus incarné par un État clairement défini. Aussi, pour plus de clarté, le président Bush a-t-il identifié un « Axe du Mal ». Plusieurs États sont devenus l'ennemi des États-Unis et l'Irak a servi d'exemple. Peut-on pour autant parler de guerre de religion ? Le philosophe André Glucksman répond par la négative dans son livre <u>Dostoïevski à Manhattan</u>. Les nihilistes n'ont pas pour ennemi une religion ou un idéal, mais tout ce qui leur résiste.

Conclusion

Les forces de l'ONU, sur place au Rwanda au moment du génocide ont prévenu New York à temps. Les Casques Bleus proposèrent alors d'aller récupérer des armes pour enrayer le conflit. La communauté internationale refusa cette intervention, traumatisée par l'échec de l'épisode Somalien. Les États rêvent de guerre sans mort. Les Américains ont envoyé des mercenaires au combat en Irak et leurs soldats distribuent de l'aide humanitaire en Asie suite au tsunami.

Peut-on compter sur l'ONU pour l'avènement d'une paix perpétuelle dans le monde ? (voir PAIX)

Bibliographie : A. GLUCKSMAN, <u>Dostoïevski à Manhattan</u>, Éditions Robert Laffont, 2002 ; CELINE, <u>Nord</u>, Éditions Gallimard, 1960 ; CELINE, <u>Voyage au bout de la nuit</u>, Éditions Gallimard, 2006 ; D. FRANCHE, <u>Rwanda</u>, Éditions Mille et une nuits, 1997.

Sujets voisins et leurs problématiques

Sujet de Secrétaire des Affaires étrangères (cadre général) 2004 : « La valeur de la vie humaine ».

Hegel, dans sa dialectique du maître et de l'esclave, rappelle que l'individu qui se soumet à un maître renonce à la mort pour lui préférer l'esclavage. La vie, même dans les conditions les plus atroces — semble dire le philosophe — plutôt que la mort. La vie a donc un prix mais lequel ? La valeur des choses se mesure au sacrifice auquel nous sommes prêts pour les conserver. À quoi sommes-nous donc prêts pour garder la vie ? La question ramène à des problèmes éthiques que doit résoudre le politique. Si la vie humaine n'a pas de prix, alors comment expliquer le trafic de dons d'organes en Amérique latine ou l'industrie de la prise d'otage actuellement pratiquée en Irak ? Non seulement la vie humaine a un prix mais en plus elle se négocie. D'ailleurs, toutes les vies ne se valent pas. Ainsi, mieux vaut enlever un ressortissant occidental dont l'État d'origine se montrera bon payeur. En 1987 au Liban, par exemple, quelques otages américains furent libérés en échange de missiles sol-air à destination de l'Iran. Peut-on moralement accepter de parler non pas de la valeur mais des valeurs de la vie humaine ? De quels moyens la communauté internationale s'est-elle dotée pour faire en sorte que toutes les vies aient la même valeur ?

Sujet ENA, 2000 : « Les intellectuels et la guerre. »

Depuis la publication du <u>J'accuse</u> d'Émile Zola durant l'affaire Dreyfus, le mot intellectuel désigne celui qui sort de sa spécialité pour porter un jugement critique sur la société dans laquelle il vit. On lui reconnaît volontiers des fonctions de réflexion, de stimulation, de prises de conscience et enfin, en France, une faculté d'engagement. Aux intellectuels est donc revenu le devoir de trouver des idées nouvelles, de résoudre des crises et de participer aux transformations sociales. Depuis les années 1930, les intellectuels se sont approprié l'idée de l'Europe unie puis l'espace européen, lié à la question centrale et mobilisatrice du maintien de la paix. N'a-t-on pas ainsi vu Bernard Henri Lévy se rendre dans les Balkans en plein conflit et André Glucksman séjourner huit mois en Tchétchénie ? N'est-ce pas le désir de paix qui lie les intellectuels à la guerre ?

Citations utiles

« L'objet de la guerre, c'est la paix. » Aristote.

« La guerre n'est pas une aventure. La guerre est une maladie. Comme le typhus. » Antoine de Saint-Exupéry, <u>Pilote de guerre</u>.

« L'humanité devra mettre un terme à la guerre, ou la guerre mettra un terme à l'humanité. » John Fitzgerald Kennedy.

« Toutes les guerres sont enfantines et livrées par des enfants. » Herman Melville, <u>Chants de guerre.</u>

« Au terme de chaque guerre la paix et de chaque paix la guerre. » Alfonso Di Lernia.

« La guerre n'est que la continuation de la relation politique par d'autres moyens ». Karl von Clausewitz[1].

---

1. Karl von Clausewitz (1780-1831) était un général prussien, directeur de l'école de guerre de Berlin.

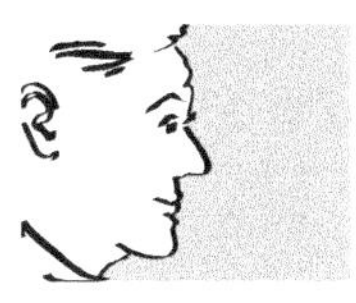

L'essentiel sur un auteur
Francis FUKUYAMA (1952-)

Né en 1952 aux États-Unis, Francis Fukuyama est diplômé d'Harvard et de Cornell avant de devenir conseiller du Président George Bush (père). Attaché au Département d'État en tant que spécialiste en prévisions politiques, il proposa une grille de lecture de l'actualité politique en 1989 (avant même la chute du mur de Berlin) dans un article intitulé « La fin de l'Histoire ? » et repris plus tard dans un ouvrage publié en 1992.

Dans cet article qui eut un retentissement mondial et fut l'objet de nombre de sujets de culture générale, Francis Fukuyama tente de démontrer qu'un lent mouvement de l'Histoire convertit progressivement l'ensemble des pays à la démocratie et au libéralisme. Pour Fukuyama, l'Histoire (hégélienne ?) se déroule vers une fin unique qui lui confère un sens et une rationalité.

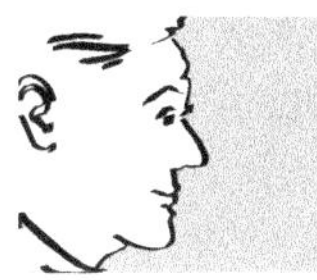

L'essentiel sur un auteur
André GLUCKSMANN (1937-)

Né en France en 1937, André Glucksmann a intégré l'École normale supérieure de Saint-Cloud avant de passer l'agrégation de Philosophie. <u>Les maîtres penseurs</u> en 1977 proposent une critique du totalitarisme théorique et se situent dans la mouvance de la « Nouvelle Philosophie » (Jean-Marie Benoist, <u>Marx est Mort</u> 1970). Depuis, Glucksmann ne cesse de réfléchir sur les conditions nécessaires pour résister à la tentation totalitaire. En 2002, il apporte sa contribution dans l'analyse de l'attentat terroriste perpétré contre les Twin Towers le 11 septembre 2001 et assimile Oussama Ben Laden aux nihilistes.

L'essentiel sur un auteur
Karl VON CLAUSEWITZ (1780-1831)

Officier de l'armée prussienne en 1809 puis directeur de l'École militaire de Berlin, Clausewitz est connu pour son projet de réforme militaire et son analyse consignée dans <u>De la guerre</u>. Pour lui, la guerre n'est que la continuation de la politique par d'autres moyens.

L'essentiel sur un auteur
Ernest RENAN (1823-1892)

Universitaire et historien des religions, Ernest Renan élabora une définition de la nation au moment de la guerre franco-allemande et de la Commune. Il opposa notamment à une conception ethnique de la nation, un « vouloir vivre ensemble » qui dépasse le *jus sanguinis*. Replacé dans son contexte de l'occupation de l'Alsace par l'Allemagne, cela signifierait que les Alsaciens avaient le droit de se prononcer sur leur appartenance à l'une ou l'autre des communautés (lire à ce sujet A. Finkielkraut <u>La défaite de la pensée</u>).

La patrie

Sous l'Ancien Régime, la patrie se définit comme la « terre des pères » avant de devenir au XVIIIe siècle non plus un territoire mais une abstraction liée aux idées de liberté et de bonheur (La Bruyère et Voltaire). Après la Révolution de 1789, le terme patrie gardera une connotation idéologique de gauche et, en 1831, Victor Hugo dédiera son hymne à « ceux qui pieusement sont morts pour la patrie » à des nationaux tombés à l'intérieur et non pas à l'extérieur de nos frontières.

Alors que le patriotisme de l'Ancien Régime se manifestait par son loyalisme envers le roi, celui de la révolution se fonda sur des principes abstraits et universalistes (lire les nombreux écrits de François Furet). Rappelons ces mots de Brissot « la patrie commence avec la liberté et la liberté dépasse la France ».

Le nationalisme

Le terme apparaît en 1798 sous la plume de l'abbé Barruel pour désigner un égoïsme national (« l'amour général ») qui se muera au XIXe siècle en chauvinisme. À la fin du XIXe siècle, le nationalisme s'organise en doctrine politique au sein de mouvements dont la priorité devint la défense d'intérêts dits nationaux au détriment de l'internationalisme ou de l'humanisme. Ici, le nationalisme prit son virage à droite.

La guerre juste

La guerre n'est que la continuation de la politique sous sa forme violente. Elle fait partie des affaires sociales et ne constitue pas un acte de barbarie. Pour cela, l'idée de « juste guerre » sous-tend tout débat sur la guerre. C'est l'Église chrétienne qui élabora peu à peu une théorie de la guerre juste pour essayer de circonscrire la guerre dans des règles (causes justes et méthodes justes) qui autoriseraient le chrétien à combattre.

■ Actualité

Décembre 2005

L'armée française mise en cause en Côte d'Ivoire

Dans la mythologie grecque, les Érinyes (esprits femelles de la vengeance) poursuivirent Oreste qui avait tué sa mère Clytemnestre pour venger Agamemnon, son père. Elles durent cependant lâcher prise face au verdict de l'Aréopage, tribunal d'Athènes. Ainsi, l'Antiquité grecque inventa le tribunal populaire pour mettre fin aux vengeances et à la vendetta.

Malheureusement, l'actualité a replongé les civilisations dites civilisées dans cette époque qui précéda l'invention de la démocratie, toujours par les Grecs. C'est ainsi que le 13 mai 2005 des soldats français stationnés dans l'ouest de la Côte d'Ivoire se sont fait justice eux-mêmes en assassinant un ressortissant ivoirien. On objectera que la victime n'avait (du moins le croyait-on à l'époque) que peu de valeur, qu'il s'agissait d'un « coupeur de routes », un monstre accusé d'une série d'infanticides. On arguera que, plongés dans l'horreur d'une guerre totale dans laquelle ils se sentent isolés, les soldats français voulaient par ce geste protéger la population locale.

Mais à tout cela nous ne pouvons que répondre que ce qui différencie l'armée professionnelle des mercenaires, c'est cela : l'éthique militaire. Non seulement le professionnel de la guerre doit respecter le droit international qui distingue le crime de guerre du crime de droit commun ou contre l'humanité. Mais en plus l'officier, en tant que cadre, doit montrer l'exemple et guider ses hommes même au plus profond de la barbarie. C'est ce qu'a rappelé notre ministre de la Défense en condamnant un officier dans cette affaire, la France se doit d'être exemplaire.

Impérialisme et histoire

Étymologie/Définition/Histoire

Du latin *imperium* : empire.

Politique d'un État qui met tout en œuvre pour réduire d'autres États sous sa dépendance politique, culturelle et économique. On peut citer dans l'Histoire plusieurs périodes impérialistes : la Rome antique, les pays colonisateurs à partir du XVIe siècle, l'URSS de Staline, les États-Unis de nos jours.

Sujet proposé

Un État fort est un État puissant, tandis que l'État impérialiste est une superpuissance dans la mesure où il domine les autres nations dans la plupart des domaines (technologique, culturel, économique). Peut-on résister à l'impérialisme ?

Problématique proposée

De tout temps, des sociétés plus avancées d'un point de vue technique ont dominé d'autres groupements humains. Il en va ainsi de l'Empire romain (du IIe siècle avant Jésus-Christ jusqu'au IVe siècle) où des cités États administrées par des Romains restaient cependant plus ou moins autonomes par rapport à la capitale, Rome. En 395, l'Empire est partagé, en 410 Rome est pillée par Alaric 1er. La supériorité militaire et technique a favorisé l'expansion au XVIe siècle d'États nations comme la France, l'Espagne ou le Portugal. C'est ainsi que des missionnaires français ont tenté de christianiser les tribus africaines et que l'Amérique fut découverte en 1492.

L'impérialisme se développe de façon stratégique et coordonnée, par assimilation (on parle aussi d'acculturation). Au XXe siècle, les jeunes élèves ivoiriens apprenaient dans leurs manuels scolaires que leurs ancêtres étaient gaulois. L'impérialisme veut aussi diviser pour régner. La France, par exemple, a construit la colonie gabonaise en regroupant plusieurs ethnies rivales à l'intérieur d'une même frontière (fang, pounou et bateke). Il faut distinguer l'impérialisme d'hier basé sur la force de celui d'aujourd'hui destiné à soumettre des peuples démocratiques par la « fabrication du consentement ».

Quels sont les symptômes de l'impérialisme ? Il faut imaginer la relation d'une super-puissance avec ses États satellites comme une relation de domination. Herbert Marcuse, dans <u>L'Homme unidimensionnel</u>, regrettait déjà la généralisation du mode de vie américain, de l'individualisme et de la société de consommation. La superpuissance dominante impose au reste du monde ses goûts (coca-cola), sa culture (les séries américaines, le cinéma hollywoodien), ses décisions politiques (la seconde guerre du Golfe). Parmi les dominés, on peut citer l'Équateur qui consacre 40 % de son budget au remboursement de la dette (contre 13 % pour l'Éducation et 3 % pour la santé).

Comme une fatalité dans l'histoire, après une période de grandeur arrive une période de décadence. Après le sac de Rome, ce fut le tour des décolonisations dans les années 1960. La guerre du Vietnam a démontré que la supériorité militaire ne garantissait pas la victoire des États impérialistes. De nos jours, les alter-mondialistes mettent fin au secret des négociations en organisant des « contre-sommets » (Davos). Les ONG reviennent à l'anti-impérialisme (Porto Alegre).

Conclusion

Francis Fukuyama a vu dans l'effondrement de l'URSS en 1991 <u>La fin de l'histoire</u>. Mais on pourrait également considérer cet effondrement comme la fin d'un cycle d'opposition bipolaire (Est/Ouest, communistes et libéraux). Jamais l'Occident n'a porté aussi haut l'éducation de ses jeunes (80 % de bacheliers en France) et donc de ses citoyens. La jeune génération portera-t-elle l'Europe vers une démocratie des citoyens ? (voir EUROPE).

Bibliographie : Herbert Marcuse, L'Homme unidimensionnel, Éditions de Minuit 2002 ; http://www.marcuse.org/herbert

Sujets voisins et leurs problématiques

« Les néo-impérialismes. »

Depuis la Grèce antique, les empires se succèdent. L'Empire romain a unifié la Méditerranée, l'Empire napoléonien a soumis l'Europe, les Empires coloniaux ont expatrié les Européens sur les cinq continents. Tôt ou tard, pourtant, les empires périclitent. De nos jours, le droit international ne permet plus ce type de colonisation. Pourtant, certains s'interrogent. Est-ce que le G8, en demandant une plus grande ouverture des marchés des nations les plus pauvres, ne s'arroge pas le droit de gouverner le monde ? L'Irak qui compte encore sur son sol des militaires étrangers n'est-elle pas victime d'un nouvel impérialisme ?

« Quelles sont, selon vous, les répercussions de l'indépendance des anciennes possessions françaises d'outre-mer sur la situation de la France ? »

Dès 1962, il ne restait de l'empire colonial français que des départements et territoires situés en Amérique, en Océanie ou dans le Pacifique. La France maintiendra néanmoins des relations privilégiées avec ses anciennes colonies tant sur le plan économique (aides bilatérales, zone CFA) que militaire (la France « gendarme de l'Afrique » au Tchad, en Centrafrique) mais aussi d'un point de vue culturel avec la Francophonie. On a souvent analysé les répercussions des décolonisations sur les anciennes possessions françaises. À l'inverse, il serait bon d'analyser les conséquences pour la France des décolonisations. Les crises répétées des banlieues ne sont-elles pas l'héritage le moins glorieux de la période coloniale française ? Mais ne doit-on pas aussi penser au rayonnement culturel de la France sur les cinq continents par le biais de pays devenus amis ?

Citations utiles

« L'Occident ne mesure pas toujours la haine que lui vouent des peuples humiliés et offensés par sa prospérité, son passé impérial, son présent dominateur, son appui à des régimes féodaux corrompus. » Alain Peyrefitte, <u>Le Figaro</u> du 13 août 1990.

« Les empires ne périssent pas sous les coups de leurs ennemis mais par leur propre épuisement et par la démission des forces qui les soutiennent. » Alexis Curvers, <u>Tempo di Roma</u>.

« Les empires du futur seront spirituels. » Winston Churchill.

« Les colonies ne cessent pas d'être des colonies parce qu'elles sont indépendantes. » Benjamin Disraeli, discours de 1863.

« Pour le colonisé, la vie ne peut surgir que du cadavre en décomposition du colon. » Frantz Fanon, <u>Les damnés de la Terre</u>.

Des notions à connaître

Intégration

Selon le sociologue E. Durkheim, un groupe social est intégré dans la mesure où ses membres :
1. possèdent une conscience commune (mêmes croyances et mêmes pratiques),
2. agissent en interaction les uns avec les autres,
3. sont solidaires autour d'un but commun.

L'intégration fait entrer une partie dans le tout. Ainsi, l'intégration peut être partielle.

Assimilation

Processus très répandu dans les pays anglo-saxons. On parle aussi d'acculturation pour désigner une difficulté de concilier la tradition et la modernisation.

La négritude

Portée par le Président sénégalais, Léopold Sédar Senghor, agrégé de grammaire, ancien Ministre de la IVe République et du Général de Gaulle. Il fut élu à l'Académie française. La négritude est une référence positive à la culture, l'imaginaire ou la spiritualité des peuples d'Afrique noire.

Paix et réalisation du projet Kantien

Étymologie/Définition/Histoire

Du latin « pax », état d'un pays qui n'est pas en guerre.

Sujet proposé

Quelles sont les conditions nécessaires au maintien de la paix dans le monde ? Ces conditions sont-elles aujourd'hui remplies et quelles mesures la communauté internationale doit-elle prendre pour mener à bien le projet kantien de paix perpétuelle ?

Problématique proposée

On peut tout d'abord considérer que la paix perpétuelle est une utopie.

Selon les idéologues et théologiens, l'instauration de la paix dépendrait pour les uns des structures politiques, pour les autres du droit naturel. D'une part, il s'avère possible de considérer que la paix dépend d'éléments structurels et donc réformables de nos sociétés. Ainsi, le théologien Saint Thomas d'Aquin estime que seul le passage à un régime mixte, entre monarchie, aristocratie et démocratie, peut engendrer la paix sociale. Selon Kant dans son Projet de paix perpétuelle, pour réussir à maintenir la paix dans les sociétés contemporaines, il faut analyser les facteurs favorisant l'état de guerre. Pour le philosophe, l'absence de démocratie, l'armée et l'argent constituent les causes principales de la guerre. Pour instaurer une paix perpétuelle dans le monde, les armées permanentes doivent être abolies car elles constituent une menace pour les autres États, dans la mesure où ces armées sont sur un pied de guerre permanent. Kant dénonce également le recours à l'emprunt pour financer la guerre.

Il découle de ces analyses que, pour instaurer la paix de façon continue dans le monde, il s'avère nécessaire d'étendre les institutions démocratiques, de mettre fin aux armées professionnelles et d'interdire le financement de l'armement. Or, le XXe siècle a démontré qu'un chef d'État élu démocratiquement (A. Hitler en 1933) pouvait néanmoins pousser son pays à la guerre. En 1994, le génocide des Tutsis et des Hutus opposants minoritaires s'est produit sans l'intervention des soldats de l'ONU. Enfin, ce dernier génocide a eu lieu sans financement massif, à coup de machettes « pour économiser les balles ».

La nature humaine, supposée néfaste, doit-elle fatalement l'emporter sur les institutions et entraîner certains pays à entrer dans la guerre ?

Mais la paix perpétuelle doit également demeurer un vœu de réalisation.

Le projet kantien de paix perpétuelle semble porté aujourd'hui par l'ONU Cette organisation, en effet, reste souvent décriée pour son instrumentalisation par certains États belliqueux. Pourtant, à y regarder de plus près, l'ONU est le lieu (siège à Manhattan, New York, depuis 1947) où dialoguent actuellement 193 États ou leurs représentants. En 2002, Colin Powell et Dominique de Villepin se sont engagés dans un bras de fer sans précédent. L'ONU ne peut pas empêcher le monde d'entrer en guerre mais, en un siècle (rappel de la SDN qui n'avait pu s'opposer aux dictatures des années 1920-1930), l'Organisation des Nations-Unies a su créer une communauté rassemblée autour du droit international.

L'ONU a appliqué point par point les recommandations kantiennes. Les casques bleus entendent à terme remplacer les armées professionnelles nationales. Ces soldats ne sont pas utilisés comme de simples machines à tuer. Au contraire, de plus en plus, les Casques bleus deviennent des forces d'interposition pour, comme l'écrivait Kant, « prêter assistance » à la population.

L'ONU lutte également contre le financement international de l'armement ou de la guerre.

Conclusion

Les articles proposés dans le projet kantien sont prohibitifs dans la mesure où ils entravent l'action des États qui souscriraient à ce projet. Il en va de même de l'Organisation des Nations unies qui ne parvient pas toujours à « tenir » ses membres. Malgré tout, depuis 1945, de plus en plus d'États ont souscrit à la Charte des Nations unies qui étend ainsi le champ d'application de ses dispositions législatives. On peut rêver d'une alliance des peuples qui permettrait à chacun de se sentir citoyen du monde, en toute sécurité (voir MONDIALISATION).

Bibliographie : E. KANT, <u>Projet de paix perpétuelle</u>, Éditions Mille et une nuits, 2001.

Sujets voisins et leurs problématiques

« Le prix de la paix. »

Jésus-Christ, Érasme et Kant ont tous les trois prôné la paix, suivis en cela par l'ONU prix Nobel en 2001. Mais la paix vaut-elle le sacrifice de soi ? Est-il juste de demander aux Tutsis du Rwanda d'amnistier les Hutus au nom d'une paix qui vaudrait tous les sacrifices ? Si Érasme était opposé à la guerre, il restait cependant favorable à la résistance du peuple aux invasions ennemies. Là se trouve toute la différence entre le pacifique et le pacifiste. L'un se contente de défendre son territoire et renonce à agresser les pays voisins, l'autre renonce même à se défendre. Le Christ notamment, invitait son prochain à « tendre l'autre joue » afin de ne pas répondre à la violence par la violence. Ainsi, deux visions de la paix se dessinent : pour les uns, pacifiques, le prix de la paix passe par une intervention militaire (exemple des casques bleus). Pour les autres, pacifistes, la paix n'a pas de prix, dût-on se soumettre à l'invasion ennemie. Laquelle de ces deux visions de la paix est la plus juste ?

« Égalité des chances et paix civile. »

Il y a différentes formes d'égalité relatives aux personnes et aux situations sociales. Par exemple, on peut considérer l'égalité des sexes face à l'accès à l'emploi, ou encore l'égalité des conditions pour se lancer dans la vie, quel que soit le capital hérité par les individus. Un des combats en ce sens fut l'abolition des privilèges lors de la révolution française de 1789. Toutefois, si la Déclaration des Droits de l'Homme et du Citoyen de 1789 commence par « Les hommes naissent et demeurent libres et égaux en droits », elle accorde également une grande place au droit de propriété. Or, le combat pour l'égalité est un combat pour la résorption des injustices et notamment, pour reprendre les termes de Maurras, gommer les différences entre « l'héritier » et « le boursier ». De nombreux progrès ont été réalisés en terme d'égalité des chances, grâce à l'école notamment. Le diplôme, en effet, est la garantie sur le marché du travail d'un niveau de connaissances et de compétences, sans distinction de sexe ou d'origine sociale. Est-ce que l'inégalité des chances en créant une tension entre les groupes sociaux menace l'intérêt général ? L'égalité des chances est-elle vraiment la garante de la paix civile ?

Citations utiles

« L'Homme est un loup pour l'Homme » Hobbes Le léviathan.

« Qui vit en paix avec lui-même vit en paix avec l'univers. » Marc Aurèle.

« Le bonheur n'est pas le fruit de la paix, le bonheur c'est la paix même. » Alain, Propos sur le bonheur.

« Parler, c'est abuser ; penser, c'est usurper. La voix sert à se taire et l'esprit à ramper. Le monde est à plat ventre, et l'homme, altier naguère, doux et souple aujourd' hui, tremble. -Paix ! dit la guerre. » Victor Hugo, Les Quatre vents de l'esprit.

« En aucun cas, la guerre n'est un but par elle-même. On ne se bat jamais, paradoxalement, que pour engendrer la paix, une certaine forme de paix. » Carl von Clausewitz, De la guerre.

« Il faut des négociations et un travail collectif pour trouver l'équilibre réaliste des intérêts sur lequel seulement peut se fonder une paix solide. » Mikhaïl Gorbatchev, discours à la Conférence de paix du 30 octobre 1991.

« La vérité doit s'imposer sans violence. » Léon Tolstoï, <u>Guerre et paix</u>.

Résolution 1441 de l'ONU

Le 8 novembre 2002, le Conseil de sécurité de l'ONU vota à l'unanimité la résolution 1441, conforme aux vues françaises sur l'Irak. Cette résolution se présenta comme une solution alternative à l'intervention armée en Irak souhaitée par les États-Unis. Des inspecteurs de l'ONU furent envoyés sur place mais les États-Unis, déterminés à intervenir en Irak, tentèrent de faire voter une seconde résolution. À travers ce bras de fer, la diplomatie française connut son heure de gloire.

Fin de la fin de l'histoire

Étymologie/Définition/Histoire

Du latin « historia », déroulement de la vie de l'humanité.

Polysémie : 1) Récit qu'on raconte ; 2) Discipline ou connaissance.

L'Histoire est née en − 3300 avec l'invention de l'écriture. L'histoire concerne des récits vrais et non pas des mythes, elle porte sur le passé et relate des actions humaines. Elle se fonde sur des faits recueillis de la bouche de témoins ou immortalisés sur des documents écrits.

Sujet proposé

L'histoire a-t-elle un sens ? Si oui, le destin de l'humanité se dessine-t-il de façon plus évidente depuis ces vingt dernières années et pourquoi ?

Problématique proposée

Le crépuscule de l'Histoire relève d'une vision eschatologique du temps.

Hegel le premier rapprocha l'universel du particulier en insistant sur le fait que les hommes, dans leur action, ne se rendaient pas compte qu'ils participaient à quelque chose de plus grand (« la ruse de la raison »). Alexandre Kojeve (mort en 1968) initia R. Aron, Merleau-Ponty et G. Bataille au système hégélien et à la thèse selon laquelle l'histoire serait finie. En 1989,

174

Francis Fukuyama publia un article au moment de la chute du mur de Berlin (revue <u>Commentaire</u> n° 47) puis édita un ouvrage sur le thème de la fin de l'histoire. Pour lui, la fin de la guerre froide et la chute du bloc communiste étaient inéluctables, dans la mesure où ils s'inscrivaient dans le mouvement de l'Histoire. Dans son livre, <u>la fin de l'Histoire et le dernier Homme</u>, il associa l'économie libérale au régime démocratique. Il tenta de démontrer que, partout, les dictatures avaient cédé la place à la démocratie et aux élections libres. Ainsi, l'ONU est passée de 51 pays membres en 1945 au moment de sa fondation, à 193 membres de nos jours. Partout également, les zones de libre-échange et les accords économiques trouvent un consensus autour du libéralisme. En fait, le premier F. Fukuyama essaya de donner sens à l'effondrement des pays de l'Est en le soustrayant du présent grâce à une grille de lecture hégélienne.

Stephen Hawking dans <u>Une brève histoire du temps</u> cita Albert Einstein pour qui « Dieu ne joue pas aux dés ». Selon ce physicien, puisque Dieu avait créé l'univers et tout ce qu'il contient, une équation originelle et une seule devait pouvoir résumer toutes les autres équations de physique. Ces philosophes, savants de génie ou idéologues que nous venons de citer considèrent que l'histoire n'évolue pas au hasard. L'histoire a un sens et on peut parler de mouvement de l'Histoire. Elle déroule son scénario vers un seul but qui apparaît comme le destin de l'humanité, la Providence. On parle alors de temps d'eschatologique. Les religions ont également une vision eschatologique de l'histoire et, pour la religion catholique, la fin de l'histoire gravite autour de l'idée du jour dernier où Dieu redescendra sur terre et où « les Derniers seront les Premiers ». On peut voir enfin dans le matérialisme historique de Karl Marx et Engels la même vision eschatologique de l'histoire, héritée de l'idée hégélienne de mouvement de l'histoire puisque la révolution prolétarienne apparaît comme inévitable.

D'autres philosophes ou intellectuels pensent au contraire que l'Histoire n'a pas de « raison » et ne peut vouloir. Pour le philosophe existentialiste Jean-Paul Sartre, l'homme est libre de ses choix. En contrepartie, ce choix lui pèse et l'angoisse car il responsabilise l'individu qui prend en main son destin. D'autres philosophes ont conservé de l'époque archaïque une vision cyclique du temps qui avait été abandonnée par Saint Augustin. Cette idée de cycles est reprise d'une part par Spengler dans la théorie de la grandeur et de la décadence des civilisations et d'autre part par Nietzsche dans sa théorie de l'éternel retour. Selon cette optique, l'histoire se répète et son mouvement se prolonge à l'infini.

De nos jours, de nombreux intellectuels comme le journaliste du *Monde Diplomatique* Serge Halimi considèrent qu'il n'y a pas de fatalité et réfutent le Providentialisme. La mondialisation notamment reste à leurs yeux une idéologie comme une autre. Pour Pierre Bourdieu c'est la propagande organisée des médias et des multinationales qui façonne l'opinion. Pour s'y opposer, il mena un combat en développant un discours alternatif et en allant à la rencontre des citoyens. Pierre Karl, dans <u>La sociologie est un sport de combat</u>, retranscrit l'action menée par le professeur du Collège de France. Serge Halimi et Dominique Vidal, enfin, dans <u>L'opinion ça se travaille</u> révèlent les connivences qui existent entre journalistes et politiques pour harmoniser leurs discours. La parole n'est pas libre pour qui essaie de démontrer qu'il n'y a pas de fin de l'histoire ni de mondialisation inéluctable. Aussi, ces penseurs ont-ils créé leur propre maison d'édition avec Raison d'agir. De petites sociétés d'éditions telle Agone, se sont quant à elles spécialisées dans un secteur non concurrentiel en donnant la parole aux auteurs que nous venons de citer.

L'expérience montre que nos sociétés sont loin d'être unanimes, comme le redoutait Herbert Marcuse dans <u>l'Homme unidimensionnel</u> (école de Chicago). Les grèves se multiplient pour s'opposer à des décisions gouvernementales, comme par exemple en France la grève de mai 2003 qui paralysa le pays pendant un mois. Les syndicats montent au créneau lorsque le Médef ou le gouvernement veulent revoir la loi sur les trente-cinq heures. Les ONG sont de plus en plus présentes dans les manifestations antimondialisation (Act up, Médecins du Monde). Les idées autrefois minoritaires d'associations comme ATTAC (association pour la taxe Tobin) commencent à gagner du terrain si on considère que le Président Jacques Chirac a fait sien ce combat. Les étudiants ont également manifesté en mars 2005 pour faire échouer le projet de loi Fillon modifiant le mode d'attribution du diplôme national du baccalauréat. Tous ces événements peuvent faire penser que l'on assiste à la fin de « la fin de l'Histoire » et donc au retour de l'Histoire…

Conclusion

Pour celui qui croit et détient une vision de l'au-delà, l'Histoire, forcément a un sens et se déroule vers un but précis. Pour celui qui ne croit pas, c'est l'Homme qui construit son destin et fait l'histoire. Aujourd'hui, ces deux visions du monde s'affrontent de façon paroxysmique autour du concept de mondialisation. L'Histoire s'accélère. Au moment du vote de la Constitution européenne, ce débat fécond obligea les diverses parties à argumenter pour convaincre. Le grand gagnant dans cette opposition est le citoyen (voir EUROPE).

Bibliographie : HEGEL, <u>La raison dans l'Histoire</u>, Éditions Hatier 2005 ; Oswald SPENGLER, <u>Le déclin de l'Occident</u>, Gallimard, 1948 ; Francis FUKUYAMA, <u>La fin de l'Histoire et le dernier homme</u>, Flammarion, 1992, Paris.

Sujets voisins et leurs problématiques

« L'aspiration au changement et l'attachement au passé dans l'évolution actuelle des mœurs. »

Les sociologues ont repéré cette dernière décennie un retour aux valeurs traditionnelles comme la famille, le mariage, la natalité. On devrait ce retour à la tradition au besoin de sécurité inhérent à chaque génération. Le SIDA, le chômage seraient les principales causes de ce repli des jeunes dans la cellule familiale. Parallèlement, la fuite des jeunes à l'étranger, le non au Projet de Constitution Européenne sont autant de signes forts d'une aspiration au changement en France. N'existe-t-il pas une contradiction entre le désir sécuritaire des uns et le besoin de mouvement des autres ? Comment peut-on dépasser et résoudre cette tension ?

« Le passé peut-il encore servir le présent ? »

La mémoire collective est un terme inventé par Maurice Halbwachs pour la différencier de la notion de mémoire individuelle. La mémoire collective est partagée, transmise et aussi construite par le groupe ou la société moderne. Primo Lévi a ainsi fait appel au devoir de mémoire en écrivant <u>Ecce Homo</u>, une description froide de son expérience dans les camps nazis. Primo Lévi espérait ainsi éviter de nouveaux génocides. Pourtant, la mémoire collective n'empêcha pas le massacre des Tutsis par les Hutus en 1994. Peut-on s'inspirer des conflits passés pour éviter ceux d'aujourd'hui ou est-ce que le contexte socio-culturel a pour loi de changer au point de ne plus supporter la comparaison ?

Citations utiles

« Le monde a deux histoires : l'histoire de ses actes, celle que l'on grave dans le bronze, et l'histoire de ses pensées... » Georges Duhamel.

« Le début ne laisse pas présager la fin. » Hérodote, <u>Histoires</u>.

« Il faut éclairer l'histoire par les lois et les lois par l'histoire. » Montesquieu, <u>L'esprit des lois</u>.

« L'histoire ne tolère aucun intrus, elle choisit elle-même ses héros et rejette sans pitié les êtres qu'elle n'a pas élus, si grande soit la peine qu'ils se sont donnée. » Stefan Zweig, <u>Histoire d'une déchéance</u>.

« Il y a deux histoires : l'histoire officielle, menteuse, puis l'histoire secrète, où sont les véritables causes des événements. » Honoré de Balzac.

L'Invention de l'écriture

Les plus vieilles tablettes datent de 3300 avant Jésus-Christ. Elles ont été découvertes dans le temple DINANNA à Uruk, au pays de Sumer en Irak. Il s'agit de pictogrammes, certainement du sumérien.

L'École des Annales

En 1929 les historiens français Marc Bloch et Lucien Febvre fondèrent la revue <u>Annales d'histoire économique et sociale</u> dans laquelle s'est exprimé Fernand Braudel. L'école des Annales intégra dans la discipline l'apport des sciences humaines et sociales.

L'Eschatologie

Du grec : « la fin ».

Désigne les discours sur les fins dernières comme par exemple l'Apocalypse et la vision du jugement dernier ou bien la doctrine sur l'avènement d'une société sans classe.

Le Providentialisme

Il concerne toutes les doctrines qui affirment que l'histoire du monde est gouvernée par une volonté ou un ordre spirituel extérieur à lui.